KB252980

빈틈의 미학

나남산문선 · 63

빈틈의 미학

2006년 9월 1일 발행
2006년 9월 1일   1쇄

저자_ 노승자
발행자_ 趙相浩
편집_ 방순영 · 양정우
디자인_ 이필숙
발행처_ (주) 나남출판
주소_ 413-756 경기도 파주시 교하읍
        출판도시 518-4
전화_ 031) 955-4600 (代)
FAX_ 031) 955-4555
등록_ 제 1-71호(79. 5. 12)
홈페이지_ www.nanam.net
전자우편_ post@nanam.net

ISBN 89-300-8167-3
ISBN 89-300-8001-4 (세트)
책값은 뒤표지에 있습니다.

노승자 문학사색 ①

빈틈의 미학

나남
nanam

머리말

어느 문장가가 말했듯이 글을 쓴다는 것은 "자신에게 냉철하면서 가난과 고난으로 점철된 가시밭길을 무거운 짐을 지고 서슴없이 헤쳐 나가는 것"이라고 합니다. 그런데도 그 가시밭길에 뜻을 품은 사람들은 신들린 듯 무거운 짐을 지고 그 길을 의연히 걸어가고 있습니다.

지난날이 불행했다고 말할 수는 없지만, 침묵 속에 문학에의 꿈을 접고 살아온 나날들은 여름의 기나긴 장마와도 같은 세월이었습니다. 이제 하늘의 별처럼 반짝이던 순수한 소녀의 눈과 영혼을 다시 만나기 위하여 저의 때묻은 영혼을 헹궈보렵니다.

그래서

빠져들고 싶습니다. 묵묵히 음악에/ 그림에/ 영화에/ 신앙에/ 문학에/ 사람에/ 온갖 사물에…. 풍덩 빠져들고 싶습니다. 묵묵히 과거에/ 미래에/ 사색의 바다에…. 이젠 밤을 새워도 되니까. 이젠 늦잠을 자도 되니까. 홀가분하게 사는 삶이니까.

그래서

귀 기울여 듣고 싶습니다. 온갖 사물의 속삭임을. 릴케처럼 그들 위에 내린 신(神)을 체험하면서 살아가겠습니다.

궂은비가 내린 후, 아름다운 무지개는 돋보일 수 있습니다.

그러므로

사랑의 실행에 충실하며 제 결정적 삶마다에 새록새록 고마움을 느끼며, 무거운 짐도 가벼이 지고 그 길을 묵묵히 걸어가겠습니다.

제가 무엇을 어떻게 쓰고 있는가는 중요하지 않습니다.

다만

저는 무엇이든지 현재 쓰고 있다는 사실만으로 기쁨을 느낍니다. 무엇이든 쓸 수 있는 시간과 공간과 건강이 있다는 것이 정말 행복합니다.

아직

무딘 저의 붓에 부끄러움으로 붉어진 양 볼을 양손으로 감싸 안으며 뜨거운 격려의 갈채를 받고 싶습니다.

저의 졸고(拙稿)를 출판할 수 있게 해주신 사장님, 그리고 무더위 속에서도 제 원고를 꼼꼼히 읽고 세밀한 부분까지 빈틈없이 챙겨 주신 편집부의 방순영 부장님, 양정우님께 충심으로 감사의 뜻을 전합니다.

2006년 8월 태양의 계절,
고요와 그윽함의 책 둥지에서

노승석

빈틈의 미학

차 례

내 영혼이 따뜻했던 교정 (校庭)

　내가 근무했던 시골학교는 교문 안팎으로 경치가 무척 좋은 곳이었다. 나무들이 정취 있게 곡선미를 자랑하며 터널을 이루어 서 있고, 나뭇잎들은 은빛 물고기 비늘처럼 눈부시게 반짝였다. 그윽한 솔향기와 흙냄새를 온몸에 바르면서 지나다니던 오솔길. 가지각색의 정원수들이 무대장치를 해놓은 듯 다소곳이 아름답게 앉아 있는 창 밖 풍경. 그들은 내가 무엇을 가르치는가 하고 교실 안을 엿보고 엿듣는다.

　오늘은 아이들과의 약속을 이행하는 시간이다. 나의 약속은 한 단원이 끝날 때마다 영화 이야기를 한 편씩 해주는 것이다. 아이들의 약속은 평소에 한눈 안 팔고 열심히 공부에 몰두하는 것이다. 오늘 이야기는 영화 〈남과 여〉에 관한 내용이다.

　아들을 가진 홀아비 장 루이 트랭티냥과 딸을 둔 과부 아누크 에메는 각자 같은 기숙사에 있는 자녀들과 주말을 보내고 난 뒤, 아이들을 맡기고 파리로 돌아갈 때 우연히 만나게 된다. 스포츠카 레이서인 남자와 영화스크립터인 여자는 비 내리는 차창 밖을 내다보며 서로에게 끌려 자신들의 과거를 털어 놓는다. 감미로운 주제곡이 흐르는 가운데 아이들과 어른들이 함께 거닐던 해변가의 영상미. 대사가 없는 표정과 동작과 풍경들이 더욱 사람의 마음을 사로잡는데 ….

　내게도 존경하던 선생님이 있었다. 여고시절 국어선생님. 중년에 가까운 남자 선생님은 우리에게 '문학개론'을 가르치셨다. 하루는 우리들이 얘기해 달라고 막 졸라댔다. 이윽고 아이들은 쥐죽은 듯 조용해졌고 우리들은 영화 〈여로〉속으로 빠져 들어갔다. 주인공은 율 브린너와 데보라 카였는데 사랑하는 이를 위하여 자기의 목숨을 던지는 그런 내용이었다. 선생님은 율 브린너가 유리컵을 손으로 와자작 깨는 동작과 키스신까지 빼놓지 않고 해주셨다. 그 당시에는 이런 얘기가 얼마나 재미있었는지 짜릿하기까지 했다.

이처럼 선생님은 항상 우리의 욕구를 흡족하게 해주셨고, 양복이며 넥타이 색깔도 요즘의 모델들보다 더 잘 어울릴 만큼 멋지게 착용하셨다. 거의 매일 바뀌는 양복과 넥타이를 감상하는 것도 우리들의 즐거움 중 하나였다.

어떤 학자는 의사소통의 유형을 언어적인 것과 무언적인 것으로 분류하고 무언적인 것의 중요함을 이렇게 역설한다. "무언적인 것에는 몸짓, 자세, 얼굴 표정, 침묵, 시간, 색상과 의상 그리고 공간이 있다"고. 이러한 것들은 은연중에 감정을 전달해 준다. 선생님께서 침묵하는 동안에도 우리들은 선생님의 표정과 색상과 의상 등으로부터 많은 가르침과 암시를 받았다. 그리고 나도 모르는 사이에 국어 선생님을 동일시(同一視)의 대상으로 간직하고 있었던 것 같다.

　내가 몸담았던 경치 좋은 시골학교 교문 앞 숲은 계절에 따라 여러 가지 야외교실로 변신한다. 극장, 학습장, 독서실, 가정실, 상담실 등…. 솔향기, 아카시아향기가 그윽한 숲 속에서의 어느 스승의 날이었다. 그 날은 특별히 딱딱한 절차도 없이 그냥 커다란 원형으로 둘러서서, 손에 손잡고 함박웃음을 지으며 노래 부르고, 수건돌리기를 했다. 아이들은 여고생인데도 '스승의 은혜' 노래를 부른 다음, 동요를 부르기 시작했다. 유행가는 못 배웠는지 교육부 지정곡 '학교종이 땡땡…', 농림부 지정곡 '송아지, 송아지 얼룩송아지…', 교통부 지정곡 '따르릉, 따르릉 비켜나세요…' 등을 불렀다. 모두들 동심으로 돌아가 천진난만해 보였다.

　나는 그때 잡았던 손의 따뜻한 체온과 숲의 향기를 잊을 수가 없다. 겨울이 되어 솔숲에 눈이 내리면 무릎까지 오는 부츠 안에 눈가루가 숨어들어와 나를 간지럽힌다. 방학이 되면 침묵의 교정은 태고의 정적과 신비를 체험케

한다. 내가 일직하는 날이면 선희가 어떻게 알았는지 교무실로 찾아와 나의 무료함을 달래주었다. 선희는 키 작고 가난했으나 공부 잘하고 예의바른 여학생이었다. 선희와 나는 주로 독서에 대한 얘기를 나눴는데, 〈노인과 바다〉의 "사자의 꿈"이라든가, 〈여자의 일생〉 맨 마지막 구절 등에 관해 이야기를 했다.

요즘 아이들은 선생님이 수업시간에 영화나 소설얘기를 하면 쓸데없이 시간을 낭비한다고 꺼려한다. 나는 비오는 날이면 수업중 창 밖을 내다보며 쓸데없이 학생들에게 질문을 던진다.

"비 오는 날 생각나는 것은?"

(유머나 재치가 있는 학생이라면 '그때 그 사람'이라고 했을지 모른다.) 그런데 도시 학생은 "우산이요", 농촌 학생은 "농사 버리지 않을까 하는 생각이요" 한다. 나 같은 어른은 동화 속의 아이처럼 "공원의 비둘기가 비를 맞지 않을까?"하는 생각을 기대했었다.

한참 후에 그 시골학교 출신 선희를 만났다. 수색에 있는 어느 초등학교 선생님이 되어 더욱 의젓해 보이는 선희를. 나는 선희가 그 어느 직업인보다도 '선생님'이 되었다는 것이 무척 자랑스러웠다. 내가 여고시절 국어선생님을 존경하여 선생님이 되었듯이 선희도 어떤 선생님을 동일시하여 노력한 결과라고 생각해 본다. 분명히 그랬을 것이다.

나는 청소년소녀들이 현실은 물론 낭만(浪漫)도 망각하지 않고 살아가는 세대가 되었으면 한다. 오늘도 그곳 아이들은 그 숲에서 한 뜸 한 뜸 수를 놓으며 한 걸음씩 여자로 성숙해 가고 있겠지.

성실(誠實)한 동안의 사랑

1

나는 가족을 제외하고 동성(同性)으로부터 '스킨십'(*skin-ship*)을 받은 경험이 딱 두 번 있다. 의례적인 것이긴 하지만.

한 번은 미국인 교사가 우리 집에서 민박을 하고 나서 떠날 때였다. "이것이 나의 나라 관습이다"라고 속삭이며 나의 이마에 그 두터운 입술로 인사를 하는 것이었다. 이런 인사가 생활화되지 않은 나로서는 이 느닷없는 스킨십에 당황하지 않을 수 없었다.

또 한 번은 내 생일에 케이크, 촛불, 꽃, 샴페인 등이 마련된 자리에서였다. 한 동료가 조그만 선물을 건네면

서 "축하해요" 라고 말하는 동시에 내 뺨에 가볍게 입맞춤
을 했다. 그때는 그냥 덤덤히 "고마워요" 하고 답했을 뿐
이다. 그런데 그들의 스킨십 감촉과 체온이 오래도록 남
아서 그들을 자주 생각나게 하는 것이었다. 의례적인 것
이었는데도.

나는 학창시절에 선생님의 심부름을 많이 하였다. 그리
고 교무실에 들어가면 대부분의 선생님들께서 볼이나 등
을 가볍게 두드려 주시곤 했다. 그럴 때마다 선생님께서
나를 귀여워해 주시는 것을 확인하는 느낌이었다. 그때는
'성희롱'이라는 말이 요즘처럼 흔하지 않았다.

2

인간관계의 결합에 대해 어떤 학자는 이렇게 피력하고
있다.

… 무수한 인간관계 중에서 특히 친자관계, 부부관계 그리
고 교사와 학생 간의 관계는 무엇보다도 애정의 바탕 위에
맺어지는 관계라 할 것이다 … . 교육애의 구체적 실천은 우

선 학생 개개인의 피부로부터 느낄 수 있는 애정이어야 한
다. 피부(*skinship*)로부터의 사랑이란 어린아이에게 엄마가
볼을 비벼대는 형태의 표현이 가장 기본적인 것이다. 어린
애는 볼을 비빔으로써 가장 효과적으로 자연스럽게 애정을
느끼게 된다. 어떤 다루기 힘든 아이가 좀처럼 마음을 트지
않고 말문을 닫고 있는 경우에는 그와 목욕을 하면서 등을
서로 밀어주고 대화하는 동안에 감정의 교류가 잘 이뤄져
쉽게 친해질 수 있다. …

— 〈교사와 인간관계론〉(박연호, 1997)

스승과 제자 사이에서 스승은 제자가 불쾌하게 느끼지
않는 범위 내에서의 스킨십으로 관심과 애정을 적절히 보
여주는 것이 필요하다. 제자는 집에서 부모나 조부모님의
어깨나 등을 주물러 드리는 것처럼 연로한 스승의 어깨를
정성껏 두드려 드려서 잠시나마 피로를 덜어 준다면 환한
미소와 함께 주름살도 펴게 할 수 있을 것이다. 이러한 피
부의 접촉은 끈끈한 인간관계를 이루어 먼 훗날까지 이어
질 것이다.

에리히 프롬은 〈사랑의 기술〉에서 사랑의 이론에 대해
이렇게 말하고 있다. "… 사랑은 수동적인 감정이 아니고

능동적인 것이며 주는 것이다. … 자신의 기쁨, 관심, 이
해, 지식, 유머, 슬픔, 자신 속의 모든 것, 즉 생명을 줌
으로써 타인을 풍요롭게 하고 자신의 생동감을 고양시킨
다. 받기 위해 주는 것이 아니라, 주는 것 자체가 절묘한
기쁨이다. … 사랑의 능동적 성격은 준다는 요소 이외에
도 공통된 기본요소를 내포하고 있다. 이러한 요소들은
보호, 책임, 존경, 지식 등이다. 엄마가 아이를 보호하지
않는다면, 엄마가 아이에게 젖을 주지 않거나 목욕을 안
시키고 편안하게 해주지 않는다면 그 엄마의 사랑은 진실
한 사랑이 아닐 것이다. 그러나 아기를 돌보고 있는 엄마
를 보면 우리는 강력한 모성애의 인상을 받을 것이다. …
동물이나 꽃에 대한 사랑도 마찬가지다. 꽃을 사랑한다고
하면서 물을 주지 않는다면, 그가 꽃을 '사랑한다'고 믿지
않을 것이다. 사랑은 사랑하고 있는 자의 생명과 성장에
대한 우리들의 적극적인 관심이다. 이러한 관심이 없으면
사랑도 없다."

진정 사랑은 능동적인 것이며 주는 것이다. 인간을 보
호하고 적극적인 관심을 가지고 성실하게 자신의 책임을
다하는 것이다. 인간뿐만 아니라 동물, 식물, 무생물에

이르기까지 관심을 가지고 성의껏 돌봐 줘야 한다. 사랑한다고 믿게 하고 싶다면.

　톨스토이의 작품 〈두 노인〉에는 이런 이야기가 있다. 옛날에 부자노인 예핌과 평범한 노인 예리세이가 오랫동안 별렀던 성지순례를 떠났다. 예리세이는 목이 말라 물을 얻어 마시려고 한 마을에 들렀다. 그런데 그 마을사람들은 모두 전염병에 걸렸을 뿐만 아니라 굶주려 죽어가고 있었다. 전염병에 흉년까지 겹쳐서 성한 사람도 입에 풀칠하기가 어려웠다.

　예리세이는 자기 여행비용을 모두 털어서 마을사람들을 돕기 시작했다. 빵과 우유를 사다 먹이고, 수레와 말과 밀가루 그리고 낫을 사다 주인에게 주었다. 돈을 모두 써버린 그는 성지순례를 포기하고 귀가했다. 그가 돌아오자 가족들은 그가 없어서 매우 쓸쓸했다고 하면서 반가워했다. "돈을 잃어버려서 되돌아왔다"고 그는 말했다.

　예핌은 1년간 성지순례를 끝내고 전에 전염병이 돌던 그 마을에 들르게 됐는데 이런 말을 들었다. "평범한 대머리 천사가 물 마시러 왔다가, 우리들을 살려내고 밭과 집

수레와 말까지 사다주고 훌쩍 떠나셨어요. 그분 아니면 우리는 벌써 죽었을 겁니다.”

예핌이 집에 도착했을 때 집안 일이 엉망이었다. 돈을 헤프게 쓰고 술에 빠져 반항하는 아들을 예핌은 때렸다. 그의 성지순례는 몸만 갔다 왔지 영혼은 안 갔다 온 것 같았다. 예리세이는 말했다. “만사가 하느님의 뜻이야.”

3

교육애(敎育愛)란 무엇일까? 부끄럽지만 나도 최근에서야 알게 된 것이 사실이다. 〈교육학대사전〉(교육서관)에 명기된 것을 읽어보자.

교육활동이 구체적으로 나타나기 위하여 교육자와 피교육자가 동일한 시점에서 출발하여야 한다. 또한 이 양자가 보다 높은 차원을 향해 올라가려는 충동에 이끌려야 한다. 이 고차원의 충동은 생의 실현이나 문화의 창조일 수도 있는데, 이 충동이나 사모의 정을 ‘교육애’라고 부른다. 교육애는 종교애(宗敎愛)와 문화애(文化愛)를 겸한 것으로서 자기 건설과 타인의 건설을 함께 추구한다. 그러므로 피교육자의 여러 능력의 조화로운 발전을 도모하여 현 사회가 요구하는 인재를 육성하게 된다.

다시 말하면 교육애란 아가페(Agape)와 에로스(Eros) 등을 통합하여 융화시킨 사랑, 즉 박애(博愛)라고 볼 수 있다. 에릭 호일(Eric Hoyle)은 교사의 역할에 대해 이렇게 말하였다. "가르치는 사람은 아이들에게 아버지가 되어 주고, 할아버지가 되어주고, 형님이, 아저씨가 그리고 사촌이 되어 줘야 한다"고.

이처럼 가르치는 사람은 포괄적인 사랑을 지녀야 하니 얼마나 자기 수양과 사랑에의 충전(充塡)을 필요로 하는 것일까? 또한 그들은 존경받을 만한 가치를 지니기 위하여 얼마나 많은 성실성과 인내심과 헌신이 필요한 것일까? 그러므로 세상사람들은 '가르치는 사람'을 우러러보아 왔으며 미래사회에도 그러하리라고 의심치 않는다.

이 세상의 사람과 생물 그리고 온갖 사물들은 숨을 쉬며 존재하고 귀로 듣는다. 나의 집 뿐 아니라, 주변의 가구와 책과 화초들까지. 집도 깨끗이 관리하고 가꿔야 수

명이 오래 가고, 가구나 책도 깨끗이 닦아주고 바람을 통하게 해줘야 곰팡이가 슬지 않는다. 화초에게 "아, 참 예쁘다. 어쩜 이렇게 예쁘니?"하고 다정하게 대화해 주면 잘 자란다. 특히 시들고 병든 화초에게 관심을 갖고 잘 쓰다듬고, 목욕시키고, 바람을 쏘여 주면 앓던 병도 낫는다고 한다.

가르치는 사람의 경우 정상아는 물론 특히 고아나 장애인, 부적응아에 대해 더 큰 관심과 사랑을 기울일 때 보람을 느낄 것이다. 에리히 프롬이 강조한 것처럼 그들의 찬 손과 가슴을 따뜻하게 녹여주는 적극적이고 능동적인 사랑의 표현을 신중히 실행해 보는 것이 어떨까.

레이디와 젠틀맨

레이디(*lady*)와 젠틀맨(*gentleman*)은 각각 품위 있고 세련되고 예의바른 여성과 남성을 뜻하는 말이다. 그러나 레이디와 젠틀맨이 되는 길은 단어의 뜻과 같이 쉽지 않고 험난한 것이다.

아일랜드 태생의 영국 극작가 조지 버나드 쇼는 1912년 5막의 희곡 〈피그말리온〉을 완성하였다. 한 음성학자가 런던에서 꽃을 파는, 가난한 소녀 일라이자의 심한 사투리를 고쳐 귀부인으로 만들겠다고 장담한다. 그녀의 억양을 바로잡아 주고 온갖 교육을 다 시켜서 사교계로 내보내는

데 성공한다. 그러나 일라이자는 음성학자가 자신의 학문적 실험의 성공에만 도취돼 자신을 이성으로 상대해 주지 않자 그의 곁을 떠나 젊은 청년과 맺어진다는 줄거리다.

1956년 이 희곡을 개작하여 만든 뮤지컬 〈마이 페어 레이디〉(My Fair Lady)는 널리 인기를 모아 장기 흥행기록을 세웠으며, 영화로도 우리의 뇌리 속에 뚜렷이 기억되고 있다.

'피그말리온'은 원래 그리스 신화에 나오는 키프로스섬의 왕 이름이다. 그는 조각에 뛰어나서 상아로 여인상을 만들어 '갈라티아'라고 이름을 붙였다. 이 왕은 여자를 믿지 않아 결혼을 하지 않으리라 맹세하였으나, 자신이 만든 조각상에 반하여 사랑과 미의 여신 아프로디테에게 조각상을 인간으로 만들어 달라고 애원하였다.

그리하여 지극한 그의 마음에 여신은 그 여인상에 생명을 불어넣어 피그말리온 왕의 아내로 삼게 했다는 전설에서 유래하게 됐다. 이는 사람은 진실된 자신보다 남으로부터 기대받는 모습대로 행동하게 된다는 것을 비유한 말이기도 하다.

이것은 인간교육과 밀접한 관계가 있다. 미국 심리학자 로젠탈과 초등학교 교장선생 출신인 제이콥슨은 샌프란시스코의 오크초등학교에서 '피그말리온 효과'에 대해 실험, 연구를 하였다.

피그말리온 효과는 교사가 학생의 가능성을 어느 정도 미리 예언하고 있느냐에 따라서 학생의 학업성취에 영향을 미친다는 가설이다. 즉 수업을 시작하기 전에 한 학급 집단 속에서 높은 지적 성취를 이룰 것이라고 기대하는 학생들은 결국 높은 지적 성취를 이루지만 반대로 낮은 성취를 하리라고 생각한 학생들은 역시 낮은 지적 성취를 한다는 것이다. 이것은 한마디로 교사의 학생관, 학생에 대한 교사의 기대 수준에 따라 학생의 성취도가 결정된다는 뜻이다.

버나드 쇼의 드라마를 통하여 우리는 이미 이런 사실을 알고 있다. '숙녀와 거리에서 꽃 파는 소녀가 미래에 갖게 될 사회적 지위의 차이는 그 여자들 자신의 행동에 따라 결정되기보다는 타인에 의해 어떻게 대우받느냐에 따라서 결정된다'는 것을.

지금은 비록 불안해하는 눈동자에 심리적으로 안정되어
있지 않고 야생마같이 거친 아이들이라 할지라도 모두가
레이디와 젠틀맨이 될 가능성이 있다. 아이들이 어른에
대한 신뢰와 존경심을 간직한다면, 그리고 어른들이 그들
의 머릿속의 선입견을 버리고 높은 기대와 깊은 관심을
보여 준다면 그 가능성은 정녕 실현되리라.

눈물의 의미

유네스코(UNESCO)의 한 자료에 의하면 이런 기록이 있다.

울고 웃고 하는 것은 생리학적으로 유사한 작용에 의한 것이다. 공기를 허파 깊숙이 흡입하고 배출함과 동시에 성대의 작용으로 울고 웃는 소리를 내는 것이다. 너무 웃어 눈물이 나올 때도 있다. 눈물은 살균요소를 지니고 있다. 건전한 웃음은 뇌를 비롯해 우리 몸 곳곳에 혈액을 고르게 공급해 준다.

그러고 보면 눈물 흘리는 것과 웃는 것은 극히 정상적인 현상이며 사람을 건강하게 해 주는 행위중의 하나인 것이다. 그래서인지 얼마 전 중국 난징에는 '눈물방'이 생겼다고 한다. 속상해서 생긴 각종 스트레스가 풀릴 때까지 실컷 울고 나면 억압된 감정이 해소되어 심신에 유익하다고 한다. 또한 요즘 나온 기사를 보면 '눈물 건강학'이 대두되고 있다. 다이애나 전 영국 황태자비가 사망했을 때, 영국 국민은 비탄에 빠져 눈물을 많이 흘려서인지 우울증 환자가 예년의 절반으로 줄었다고 한다.

웃음이 면역력을 높여주는 것처럼 울음 역시 스트레스를 해소시켜 몸과 마음을 건강하게 해 준다는 것이다. '눈물은 신이 인간에게 준 치유의 선물'이라고 말하는 의사들도 있다. 남자들의 수명이 여자들보다 짧은 이유도 여자들에 비해 덜 울기 때문이라고 한다.

조연현은 〈눈물의 사상〉에서 눈물에 대해 이렇게 언급하고 있다. "눈물의 원인이 정신적 충격에 있는 동안, 그것은 문학적 대상과 주제가 된다. 눈물은 슬픔과 즐거움의 상징이다. … 눈물이 아무리 인간의 심한 슬픔의 표현이라 해도 눈물을 흘릴 수 있는 동안, 그 슬픔은 치명적인 것은 아니다. 치명적인 슬픔은 그것을 표현할 수도 없고 표현할 필요도 없는 슬픔이다." 눈물에 대한 이보다 더 적절한 표현이 있을까 생각된다.

사람들은 부모, 배우자, 스승, 친지 그리고 예술가들의 죽음 앞에서 오열한다. 고인을 위하여 눈물을 흘리고 슬퍼하는 것은 당연한 일이다. 그러나 짓누르는 무거운 슬픔 속에 빈사의 상태인 상제들에게 계속적인 눈물(울음)을 어떻게 강요할 수 있을까?

초상집에서 아주 크게 슬피 우는 사람의 울음을 분석하면 두 가지로 해석된다. 하나는 고인을 위해서라기보다 자기의 처지가 현재 불우한 사람이고, 또 하나는 고인으로 인해 자기의 처지가 장차 더 불우해질지도 모른다고 생각하는 사람이다. 결국은 자신의 슬픔 때문에 우는 것이다.

얼마 전 나의 가족 중 한 사람의 상(喪)을 당했을 때, 한 직장동료가 문상을 왔다. 그녀는 영전에 향을 꽂고 잠시 묵념을 한 후, 갑자기 "아이고, 어떻게 해…"하면서 내 어깨에 고개를 얹고 눈물을 펑펑 쏟으며 소리쳐 우는 것이었다. 나는 솔직히 고마움과 함께 당혹감을 느꼈다. 평소에 아주 가까이 지낸 사이도 아닌데 어쩌면 그토록 슬피 울어줄 수 있었을까?

어떻든 죽음 앞에서, 혹은 측은한 정경 앞에서 우리가 함께 슬퍼하고 눈물을 흘리는 것은 미덕이다. 그것이 누구를 위한 눈물이냐, 동정의 눈물이냐, 회한의 눈물이냐, 배고픔, 기쁨, 감사의 눈물이냐, 혹은 '악어의 눈물'이냐 아니냐를 분석할 필요도 없이 흐르는 눈물은 값진 것이다. 갈수록 눈물이 메말라가는 이 황폐한 세태에서는 더욱이 ….

조용히 흐르는 슬픔의 눈물은 아름답다. 자연스런 감동의 눈물은 더욱 아름답다. 작품 속에는 수많은 감동의 눈물이 흘러나온다.

안데르센의 〈나이팅게일〉에서 황제는 나이팅게일의 노래 소리를 다시 듣고 감동의 눈물을 흘리며 죽어간다.

"네 은혜에 보답하고 싶다."

“보답은 이미 하셨어요. 제 노래를 듣고 눈물을 흘리셨잖아요?”

또한 크리스티나 비외르크의 〈모네의 정원〉에서 리네아는 수련 연못의 다리 위에서 너무도 멋진 풍경에 감격하여 눈물을 글썽인다.

“이 순간보다 더 멋진 순간은 영원히 오지 않을 거예요.”

도니제티의 오페라 〈사랑의 묘약〉 중 ‘남몰래 흐르는 눈물’도 서로의 사랑을 확인하는 감격과 기쁨의 눈물이었다.

〈마담X〉, 〈러브스토리〉, 〈미션〉, 〈챔프〉 등의 영화를 보고 우리들은 얼마나 많은 눈물을 쏟았던가? 곱게 물든 단풍, 눈 덮인 고요한 광야, 심란할 때 듣는 파헬벨의 〈캐넌〉, 고향 숲에 감기는 〈솔베이지의 노래〉, 가을 밤 호숫가에서 듣는 〈별은 빛나건만〉…. 그로 인해 소리 없이 볼을 적시던 눈물의 추억이 누구에게나 있을 것이다.

혼자 울게 하소서

1

〈파리넬리〉(Farinelli, 제라르 꼬르비오 감독, 1995년 제작). 내가 이 영화를 보게 된 동기는 지극히 단순하다. 어느 날 KBS 제1 FM 라디오에서 〈세상의 모든 음악〉이라는 프로그램을 듣고 있었는데 헨델의 '혼자 울게 하소서'가 이틀 연속 희망곡으로 신청되어 전파를 타고 있었다. 이 곡이 어떤 것이기에 사람들이 이렇듯 듣고 싶어하는 것일까? 나는 궁금증을 금할 수가 없었다.

인터넷과 사전 등에서 탐색해 보니 '혼자 울게 하소서'는 헨델의 오페라 〈리날도〉(Rinaldo)에 나오는 아리아였다. 그것을 영화 〈파리넬리〉의 주인공 파리넬리가 천상의 목소리로 부른 것이 청취자들을 크게 감동시켰던 것이다.

헨델은 오페라를 46곡이나 작곡했다고 한다. 헨델 하면 오르간 협주곡과 '수상 음악', '왕궁의 불꽃놀이', 오라토리오 '메시아'가 떠오르는 정도의 얼치기 음악애호가인 나로서는 놀라운 일이었다.

〈리날도〉는 1711년 초연된 3막 오페라다. 내용은, 십자군이 예루살렘을 포위하고 있는 동안 고프레도(십자군 총사령관)는 이 전투에서 승리하면 자기 딸 알미레나(여주인공)를 리날도(라틴병사의 영웅, 주인공)에게 줄 것을 약속한다. 전쟁에 승리하여 리날도와 알미레나는 사랑의 노래를 부른다. 그러나 아르미다(여자 마법사)는 질투심에 리날도를 멀리 보내고 알미레나를 '마법의 성'에 감금한다. 리날도는 절망에 빠진다. 아르미다의 마법의 성에서 알미레나는 아르간테(예루살렘의 왕, 아르미다의 연인)에게 자기를 풀어달라고 간청한다. 고프레도는 동방박사의 도움으로 마법의 성에 잠입하여 알미레나와 리날도를 구출한다는 줄거리다.

영화 〈파리넬리〉의 주인공 '파리넬리'(본명: 카를로 브로

스키)는 그 당시의 실존인물로 가장 유명했던 카스트라토 (Castrato)*중 한 사람이었다. 이태리 오페라는 가수나 등장인물의 성별과는 상관없이 높은 음역을 사랑하는 관객들의 기대에 부응해 공연되었다. 그러나 현존하는 카스트라토가 없는 관계로 아무도 이 역할을 해낼 수 없었다. 이 영화 주인공의 노래는 어느 여성 소프라노와 카운터테너*의 목소리를 컴퓨터로 합성해 만들어낸 목소리라고 한다.

2

영화의 내용은 거세가수 '파리넬리'의 파란만장한 성장 과정과 그 삶의 한을 음악으로 승화시켜 절정에 이르기까지의 이야기다. '파리넬리'는 공연할 때마다 매혹적인 목소리로 시종일관 청중들의 혼(魂)을 앗아간다. 그의 노래를 듣는 동안 여러 명의 여자들이 기절을 한다. "당신이

---

* Castrato: 속칭 거세가수를 말함. 남성의 변성기 전에 거세를 시켜 여자 소프라노 목소리와 남자 테너보다 높은 음역을 갖게 한 가수를 일컬음.
* Counter Tenor: 남성의 최고 음부(音部)나 그 음부의 가수.

제게 준 감동은 제 이성을 초월했어요. 당신은 제게 음악 적 오르가슴을 준 최초의 남자예요”라고 속삭이면서.

한동안 파리넬리는 형이 작곡한 기교가 넘치는 곡을 계속 부르다가 갈등을 일으킨다. 청중은 아직도 열광하지만 영혼이 깃든 ‘진정한 음악’을 갈망하게 된다. 그래서 헨델을 찾아가 화해하고 함께 신비를 나누자고 제안하나 거절당한다. 파리넬리의 고뇌를 알아차린 그의 애인 알렉산드라는 몰래 헨델의 집에 잠입하여 그의 악보를 훔쳐 온다.

영화 후반부에서 헨델 작곡 오페라 〈리날도〉의 1막에 나오는 주인공 ‘리날도’의 아리아 ‘사랑하는 신부여’(Cara Sposa)를 파리넬리가 애절하게 부르는 것이 정말 눈물겹고 숭고하게 들린다.

사랑하는 신부여,
사랑하는 연인이여!
당신은 어디에 있소?
이젠 내 곁에 돌아와 주오.
슬픔과 고통의 기다림에 지쳐
나는 밤하늘의 별이 되었소.
사랑하는 신부여!

당신은 어디에 있소?
제발 돌아와 주오.
사랑하는 신부여,
사랑하는 연인이여!
내 영혼은 어둠 속에 묻히고
행복의 빛은 사라져 버렸소.
사랑하는 신부여,
사랑하는 연인이여!
돌아와 주오.
아, 나의 눈물로 돌아와 주오.

뒤이어 절정에 이른 피날레(*finale*), 〈리날도〉의 2막에 나오는 알미레나의 아리아 '혼자 울게 하소서'(Lascia ch'io pianga)가 불린다.

저주받아 마땅할 아르미다*
그대, 심연의 거대한 힘으로
나를 계율의 천국에서 끌어내려
영원한 고통의 지옥으로

____

* 리날도와 알미레나를 질투한 여자 마법사.

떨어뜨렸네.
주여, 불쌍히 여기소서.
혼자 울게 하소서.
비참한 저의 운명
저를 혼자 울게 하소서.
주여, 탄식하는 저에게
자유를 주소서.
오직 자비로서
이 슬픔과 고뇌의 사슬을
끊게 하소서.
주여, 불쌍한 저에게
안식을 주소서.
(반복되는 내용은 생략함)

이 노래는 알미레나가 마법의 성에 갇혀서 조용히 탄식하고 절규하는 기도다. 이 노래가 끝날 무렵 그렇게도 당당했던 헨델은 자기 자신이 작곡한 이 곡을 부르는 '신의 목소리'를 듣고 가발을 떨어뜨린 채 졸도한다. "파리넬리는 나의 상상력을 거세해 갔다"고 되뇌이면서.

3

  음악에 관해 문외한(門外漢)인 내가 이 영화를 보고, 이 노래를 듣고 무슨 논평을 할 것인가? 그 특이한 예술 체험의 충격으로 한 주일간 잠을 못 이루고 괴로운 밤을 지새웠을 뿐이다. 파리넬리의 노래의 여운이 머릿속에서 맴돌고 떠나지 않는 것이었다. 비로소 〈세상의 모든 음악〉에서 희망곡으로 빈번히 올라온 사유를 실감한 것이다. 그처럼 아름다운 천상의 목소리를 인간이 만들어 내다니 …. 인간의 힘은 참으로 위대하지 않은가?

  전반(前半)에 파리넬리가 등장하여 전문작곡가도 아닌 형의 곡을 공연할 때도 그의 목소리 하나에 넋을 잃고 쓰러지는 사람들이 보였다. 그리고 특히 후반부에서 파리넬리는 그의 삶의 고뇌와 절규를 노래에 담아 느리고 숭고하고 애잔하게 호소하여 사람들의 마음을 사로잡았다.

  결국 헨델이나 나의 마음도 사로잡힌 것이다. 가만히 생각해보면 모두 '스탕달 신드롬'에 젖어 있었던 것 같다. 일찍이 스탕달은 미켈란젤로의 작품을 관람한 뒤 격렬한 흥분과 두려움을 느끼는 증세로 이를 치료하는 데 한 달이 넘게 걸렸다고 한다. 감수성이 예민한 사람일수록 뛰어난 예술품을 감상한 후 받는 흥분은 더 크다고 한다.

나는 이 영화를 보고 듣고, 이 영화에 나오는 '혼자 울게 하소서'를 녹음해 놓았다. 이 음악은 여러 번 들어도 질리지 않고 주인공의 진지한 제스처가 떠올라 처음의 감동이 새롭게 다시 와 닿는다.

그런데 내게 이런 기도(祈禱)가 떠오른 것은 무슨 심정에서였을까?

주여,
저를 불쌍히 여기소서.
예술의 바다에 풍덩 빠져
허우적거리며 괴로워 할 때
제게 안식을 주소서.
오직 자비로서
이 슬픔과 고뇌의 사슬을
끊게 하소서.
간절히 비오니
제발
혼자 울게 하지 마소서.

물려주고 싶은 것

배움과 의욕이 있는 곳에 정년(停年)이 있겠습니까? 저는 평생학생입니다. 어느 고전강좌 시간에 마르쿠스 아우렐리우스의 〈명상록〉을 배웠는데 그 제1장에 따라 글짓기를 해보았습니다.

1

나는 할아버지로부터 풍류(風流)를 즐기는 것을 배웠다.

2

　나는 어머니로부터 청결과 인내심 그리고 남을 배려하는 마음을 배웠다.

3

　나는 실비아 언니로부터 역경을 극복하는 의지와 굳은 신앙심을 배웠다.

4

　나는 아버지(93세에 돌아가심)에게서 매우 많은 것을 배우고 물려받았다. 항상 용모를 단정히 하는 것과 유행 감각에 민감한 것과 일기 쓰기 그리고 중요한 신문기사를 스크랩하는 것을 배웠다. 또한 낭만적인 삶을 살아가는 법을 배웠다.

　내가 초등학교 다닐 때 아버지와 함께 등산 갔던 일이 생각난다. 산에 진달래꽃이 만발하고 상쾌한 봄바람이 볼

을 스치고 지나가는데 〈낙화유수〉(落花流水) 노래를 부르
셨다.

> 이 강산 낙화유수 흐르는 봄에
> 새파란 잔디 얽어 지은 맹서야
> 세월에 꿈을 실어
> 마음을 실어
> 꽃다운 인생살이 고개를 넘자.
> (아버지는 〈나그네 설움〉도 잘 부르셨다).

그때 까맣고 큰 바위를 보시면서 "조그만 물방울이 이
큰 바위도 뚫는단다"고 말씀하셨다. 나는 그게 무슨 뜻인
지 몰랐다. 성인이 되어서 '학문에는 왕도가 없다'라는 뜻
으로 가슴에 새겼다.

아버지는 멋쟁이 신사였다. 줄이 칼날같이 선 바지를
입으셨고 카메라와 쌍안경을 메고 선글라스를 끼고 다니
셨다. 얼마 전 강원도 강릉의 참소리 박물관에서 에디슨
의 축음기를 보고, 아버지가 그 당시 유성기로 박단마의
노래를 들으셨던 기억을 떠올렸다. 지금 내가 아날로그식
오디오 세트를 갖춰 놓고 애지중지(愛之重之) 하는 것도

모두 아버지 덕분이다.

나는 아버지로부터 정직과 근면 그리고 건강하게 살아가는 법을 배웠다. 아버지는 어머니보다 자녀들에게 더 자상하셨고 피부로 사랑해 주셨다. 6남매나 되는 우리들이 다 클 때까지 손톱, 발톱을 다 깎아 주시고, 머리도 빗겨 주셨다.

직장에서 은퇴하신 후에도 운동과 봉사를 많이 하셨다. 산에 가시면 온갖 쓰레기를 담아 오시고, 매일 아침 내 집 앞 청소는 물론 남의 집 앞과 큰길까지 쓸고 물을 뿌리셨다. '모범시민'으로 시장표창을 받으신 적도 있었다.

아버지는 셈이 바르셔서 남을 속인다거나 남의 돈을 가로채는 것은 상상도 못하셨다. 내가 'Honest Abe'(Abraham Lincoln의 애칭)를 존경하게 된 것도 정직이 생활신조였던 아버지 덕분이다.

5

나는 법정 스님에게서 겸허와 고독을 극복하는 지혜를 배웠다. 침묵과 명상과 무소유, 그리고 자연과 함께 하는 생활을 본받아 맑은 영혼을 지니려고 노력 중이다.

"홀로 있을 때는 전체인 자기가 있음이고, 누구와 함께 있을 때는 그는 부분적인 자기다. … 고독은 옆구리께로 스쳐가는 시장기 같은 것, 고립은 수인처럼 갇혀 있는 상태다. 고독은 때론 사람을 맑고 투명하게 하지만, 고립은 그 출구가 없는 단절이다. … 즐거움은 긍정적인 인생관을 지니고 스스로 만들어 가는 것이다. 부분적인 자기가 아니라 전체적인 자기로서…".

홀로 사는 즐거움으로 '고독'조차 만끽하며 살아가시는 모습이 내게 용기와 위안을 주곤 했다.

6

내가 흠모하는 작가 톨스토이와 오에 겐자부로에게서 인간의 도덕적 양심을 배웠다. 톨스토이—. 나는 그의 작품을 대할 때마다 바이블을 읽고 있는 것으로 착각할 때가 있다. 〈바보 이반〉, 〈사람은 무엇으로 사는가?〉, 〈두 노인〉, 〈세 아들〉, 〈촛불〉 등…. 그와 그의 글은 항상 내 마음속에 살아있고, 내가 방황할 때 갈 길을 인도해 준다.

오에 겐자부로는 세계인의 정신적 지주이며, 지적 장애를 갖고 태어난 그의 아들을 부끄러워하거나 숨기지 않았다. 훌륭히 성장시켜 작곡가가 되도록 헌신한 아버지였다. 그는 〈나의 나무 아래서〉를 발표하였는데 어른의 정서를 아이들의 눈높이에 맞춰서 당당하게 표현하였다. 〈나의 나무 아래서〉 첫 장에는 "아이들은 왜 학교에 가지 않으면 안 되는가?"라고 묻고 있다. 장애아들의 성장과정에서 얻은 답은 한마디로 '사회성' 즉 인간관계다. 고립 아닌 관계 속에서 아이들의 정상적인 성장은 이루어지는 것이다.

7

나는 이란 영화 〈천국의 아이들〉로부터 검소한 삶을 살아가는 법과 가난하지만 주어진 환경에서 따뜻한 마음을 지니고 지킬 것은 지키며 화목하게 살아가는 법을 배웠다. 감정에 메말라 있고 이기적인 삶을 살아가는 나에게 아름답고 순수했던 어린 시절을 회상하게 해주었다. 성인들의 어린 시절에는 '보릿고개'가 있었고 '눈물에 젖은 밥이나 죽'을 먹으며 성장했다. 알리와 자라 두 오누이에게서 볼펜 한 자루라도 소중히 여기고, 신발은 바닥이 해질 때까지 신는 절약정신을 배웠다. 그리고 나보다 더 불우한 이웃을 탓하지 않고 이해하고 사랑하는 마음을 배웠다.

나는 이렇게 많은 것들로부터 많은 것을 배우며 아직도 성장을 계속하고 있다. 그런데 아무리 그 많은 배움들이 운명적인 것일지라도, 후손들이여! 나의 결벽(潔癖)과 완벽(完璧)은 배우지 말지어다. 너무 맑은 물에는 고기가 심심해서 살기 힘들고, 너무 빈틈이 없는 곳에서는 숨 막혀 죽는다.

부모에게서 물려받은 것 중 가장 감사하는 것은 건강이고, 부모로서 가장 물려주고 싶은 것은 '봉사정신'이다. 봉사하므로 즐거움을 얻게 되고 그 즐거움으로 건강하고 당당하게 살아 갈 수 있기 때문이다.

거울 앞에서

저는 고백합니다. 부끄러웠던 일들을.

1

비라도 내릴 듯이 하늘이 칙칙하고 음산한 바람이 불던 어느 오후였습니다. 남산 순환도로로 진입하는 네거리에서 신호등이 적신호로 바뀌자 차를 정지시키고 있는데 갑자기 제 차 뒤에서 "쾅" 하고 둔탁한 소리가 들려왔습니다. 백미러로 뒤를 봐도 아무것도 안 보였습니다. 차에서 내려 뒤쪽으로 가보니 한 소년이 오토바이와 함께 길바닥에 넘어져 있었습니다. 제 차 뒤범퍼에 15㎝ 정도의 보조개가 파여 있었습니다. 어느새 순경 아저씨가 나타나서 그 소년과 오토바이를 일으켜 세웠습니다.

"다친 데 없니?"

순경 아저씨가 말하는 순간 나는 부끄러운 생각이 들었습니다. 그 물음은 제가 먼저 했어야 합니다. 차 범퍼가 찌그러진 것만 속상해서 얼른 그 아이를 위로할 겨를이 없었습니다. 그 아이는 안전모도 안 썼고 안전거리도 무시하고 마구 달리다가 접촉사고를 낸 것입니다.

그러나 누구 잘못이든 인명은 소중한 것입니다. 그 아이는 아르바이트로 물건배달을 하던 중이라 차를 수선해줄 능력도 없었습니다. 다행히 크게 다친 데가 없어서 그 소년은 그냥 가도록 했고, 결국 자비로 차를 수리한 적이 있습니다. 그때 따뜻한 말로 위로해주지 못한 저의 옹졸함이 아직도 부끄럽고 찜찜합니다.

2

어느 토요일 오후였습니다. 벼르고 벼르던 뮤지컬 공연을 보러 국립극장에 갔습니다. 공연 중간에 휴식시간이 15분 정도 있었습니다. 화장실에 갔다 오고 차 한잔 마시려면 좀 부족한 시간이었습니다. 여자화장실 앞 복도에 사람들이 몇십 명이나 줄을 서 있었습니다. 생각해 보니 빨리 일을 끝내는 방법은 두 가지입니다. 새치기를 하거나 장애인용 화장실에 가는 것입니다. 결국 저는 줄 선 사람 하나도 없이 텅 비어 있는 장애인 화장실을 사용했습니다.

추측건대 제가 이렇게 솔선수범(?)하면 다른 사람들도 따라서 하려니 했습니다. 그러나 제 뒤로 장애인용을 사용하는 이는 한 명도 없었습니다. 그 긴 줄에서 모두가 자기 차례를 기다리고 있는 것이었습니다. '나는 사이비 문화인이고, 저들은 진짜 문화인구나.' 순간 제 뒤통수가 얼마나 화끈거렸는지 …. 그땐 정말 부끄러웠습니다.

3

저는 학교와의 이별을 은근히 기다려왔습니다. 직장을 벗어나 홀가분하게 된다는 것은 생각만 해도 '참을 수 없는 존재의 가벼움'이었습니다. 밤 새워 책 읽고 음악 듣고 영화도 보며 이튿날 늦잠 자고 느긋하게 식사할 수 있으니 말입니다. 뿐만 아니라 청초하게 녹음이 우거진 봄과,

청명한 하늘과 더불어 단풍의 붉고 노란색이 선명한 가을에 마음놓고 여행을 다닐 수 있으니 말입니다.

기대했던 대로 퇴임하자마자 저는 발걸음도 가벼이 머리가 맑은 아침부터 서둘러 은행, 동사무소, 병원, 백화점, 시장 등을 돌며 볼 일을 모두 보고, 삶의 질을 높인다고 미술관, 영화관, 음악회장도 가고 주 2회 교양강좌를 신청하여 수강하기 시작하였습니다. 저녁식사를 하는 동안 FM에 나오는 〈세상의 모든 음악〉에 도취되어 무아경에 빠지기도 했습니다.

그러던 어느 월요일, 모두 일터로 나가고 텅 빈 골목과 집에 혼자 남아 있을 때 갑자기 저는 무인도에 떨어진 로빈슨 크루소처럼 소외감을 느끼게 되었습니다. 잠도 못 자고 식욕도 잃고 누굴 만나기도 싫고…. 여행할 때가 된 것 같습니다. 우울증과 잡념을 떨쳐 버리기 위해.

별 계획 없이 훌쩍 여행을 떠났습니다. 페낭의 이슬람교 사원, 곳곳에 여성들이 착용한 차도르가 눈길을 끌었습니다. 무더운 날씨에도 코란의 가르침에 따라 외출시 이슬람교 여성들이 운명처럼 착용한 그들의 전통적인 차도르는 신비감을 자아냈고 인고(忍苦)의 극치를 보여주는 것 같았습니다.

페낭 힐(Penang Hill)에 올라 아름다운 섬 주변을 조망하였고, 해질 무렵 차이나타운을 일주하는 '트라이 쇼'에 동참하게 되었습니다. '트라이 쇼'란 자전거 앞에 타고 시내거리 구경을 하는 것입니다. 이것은 앞에 두 사람을 태우고 뒤에서 운전자가 자전거 페달을 밟아 가도록 만든 것입니다. 한참을 가다보니 앞 자전거 운전자는 머리가 하얗게 센 칠십 넘어 보이는 노인이었습니다. 페달을 밟을 때마다 반바지 아래 종아리의 굵고 푸른 심줄이 두드러져 보였고, 위에 걸친 셔츠는 땀에 흠뻑 젖어 있었습니다. 순간 저는 눈물이 왈칵 솟았습니다.

'나는 여기 이렇게 편하게 앉아있고 저 노인은 땀 흘리며 페달을 밟고 있구나.'

시내 일주가 끝났을 때 가이드가 제게 다가와 말했습니다.

"저 노인을 보고 슬퍼하거나 동정할 필요가 없습니다. 그는 갑부고 자신이 즐겨서 하는 일이니까요."

가이드는 제가 눈물 흘린 까닭을 모릅니다. 저는 제 자신이 부끄러웠고 그동안 쌓인 옹졸한 감정들을 눈물로 헹구고 있었던 것을.

저는 아직 누굴 위해 헌신적으로 가치 있는 땀방울을 흘려 본 적이 없습니다. 이기적인 생각과 행동으로 늘 앞만 보고 앞서 가려고만 했습니다. 남을 즐겁게 해주려고 음악까지 틀어주며 쉬지 않고 페달을 밟는 저 노인처럼, 그리고 집 없는 사람을 위해 손수 땀 흘려 집을 지어주는 어느 은퇴자처럼 저도 가치 있는 삶을 위해 땀 흘리고 싶습니다.

장 그르니에의 〈섬〉에 이런 글이 있습니다. "여행을 해서 무엇하겠는가? 산을 넘으면 또 산이요, 들을 지나면 또 들이요, 사막을 건너면 또 사막이다. … 이 짤막한 공간 속에 긴 희망을 가두어 두자. 태양과 바다와 꽃들 그리고 나를 보호해 주는 돌담 하나…. 정겨운 악수, 총명한 충고, 따뜻한 눈길. 이런 것들이 바로 이토록 가까운 나의 행운의 섬들일 것이니…."

그렇습니다. 행복은 우리 곁에서 찾는 것입니다. 그동

안 먼 데로 여행하면서 더욱 큰 외로움을 안고 돌아왔던 일, 그리고 누굴 위해 가치 있는 땀방울을 한 번도 흘려본 적 없이 방황만 했던 일이 정말 부끄럽습니다.

죽음의 명상곡 (瞑想曲)

1

 사업에 실패하여 파산한 온니 렐로넨 사장은 지난 겨울부터 자살하려는 생각을 품고 있었다. 그래서 한적한 시골의 낡은 헛간을 찾아가 방아쇠를 당기려 했다. 그런데 헛간에는 군복 입은 남자가 먼저 와서 대들보에 줄을 매고 있었다. 그가 줄로 고리를 만들고 목을 매려는 순간, "이보시오, 그만 두시오!"하고 렐로넨 사장이 외쳤다. 군복 입은 이는 헤르만니 켐파이넨 대령이었다. 그는 직장에서 대기발령 상태였고, 부인이 지난 겨울에 암으로 세상을 떠난 것을 비관하였다. 두 남자는 이제 혼자가 아니었다.

 이 두 사람이 리더가 되어 일간지에 자살 희망자를 모집한다는 광고를 낸다. 마침내 33명의 죽음 후보자가 버스를 타고 집단자살 길에 오른다. 지구상의 가장 북쪽에 위치한 암벽에 도착해 바다로 떨어질 찰나, '정차(停車) 스위치'가 눌려져 1차 자살 시도는 실패로 끝났다. 그후 이왕이면 아름다운 스위스 알프스 계곡에 가서 집단자살을 하기로 하고 길을 떠났다. 그러나 스위스에서는 법으로 집단자살을 금지하고 있었다.

 다시 유럽의 최남단 세인트 빈센트 곶에 가파른 절벽이 있으니 떨어져 죽기에 안성맞춤이라고들 했다. 그들은 그곳에 도착하여 관광도 하고 유적지에서 흥겨운 시간을 보냈다. 즐거워하는 그 분위기에서 자기만 '왕따' 당했다고 여긴 한 자살후보자가 홧김에 버스를 몰고 절벽 아래로 돌진했다. 자살도구인 버스가 사라지자 나머지 사람들의 자살 시도는 또다시 실패하게 된다. 그러고 나서 죽음으로 향했던 무명 인사들은 그곳에서 뿔뿔이 흩어졌다.
　　—아르토 파실린나(핀란드 작가)의 〈기발한 자살여행〉

 나는 시종일관 '그들이 과연 버스를 타고 절벽에서 바다로 돌진하여 집단자살을 이행할 수 있을까?'하는 의혹과 긴장감 속에서 이 책을 손에서 놓지 못하고 읽어나갔다. 사람들은 새로운 환경이나 사람을 만나게 되면 생각이 바뀔 수 있다. 자살희망자들이 여행을 하는 동안 삶에 대한 긍정적 사고를 지니게 되는 것은 당연하다고 본다. 여행에서 돌아온 그들은 건강도 좋아졌고 몇 커플은 연인사이가 되어 결혼에까지 이르는 등 제2의 인생을 내딛게 되었다. 죽음에서 삶으로 전환된 그들의 사고가 퍽 다행스럽게 생각돼 비로소 안도의 한숨을 몰아 쉬어 본다.

2

　단테의 〈신곡〉(神曲) 지옥편을 보면 인간의 죄상에 따라 무시무시한 벌이 내려진다. 인류에 대해 흉포(凶暴)한 행동을 가한 폭군이나 살인자들은 열탕(熱湯)과 같이 뒤끓는 빨간 피의 못에서 신음하게 된다. 눈과 이마에까지 뜨거운 핏물이 튀겨져 목만 내놓고 고통에 시달린다.

　신의 율법에 배반하여 자살한 자는 험한 암석이 톱니처럼 솟아있는 유림(幽林)에서 신음하게 된다. 잎이 시들고 말라빠진 키 작은 나무는 전부가 자살자의 변신이다. 열매는 하나도 맺지 못하고 독(毒)가시만이 앙상한 숲에서 온몸이 피투성이가 되어 고통을 받게 된다. 누구든지 이 지옥편 벌의 양상을 읽어보면 공포와 전율을 느끼게 된다. 그러한 벌칙을 염두에 둔다면 누가 감히 경솔하게 인명을 다룰 것인가?

내가 얼마 전 영화 〈엘비라 마디건〉에 관한 글을 쓸 때 두 남녀 주인공이 권총 자살하는 장면을 르누아르의 그림 한 폭 같이 미화시킨 적이 있다. 지금 생각하면 부끄럽기 짝이 없다. 자살은 어느 경우에도 용납되지 않는다. 두 주인공 엘비라 마디건과 식스텐 중위는 굶주림에 시달렸고 쫓기는 몸이었지만 자살하기 전에 살 궁리를 모색하는 노력이 더 현명했을 것이다.

괌(Guam)에 가면 관광명소로 '사랑의 절벽'(Two Lovers' Point)이 있다. 두 연인의 이야기(전설)가 한국어를 포함한 5개 국어로 커다란 돌에 새겨져 있다. 옛날 스페인 출신 아버지와 추장 딸인 어머니 사이에 예쁜 딸이 있었다. 딸이 성장 한 다음 스페인 장교 하나가 아버지에게 딸과의 결혼을 승낙 받았다. 그러나 딸은 원주민 차모로를 사랑했다. 딸과 청년 차모로는 사랑의 도피를 하고 부모와 스페인 장교는 그들을 추적했다. 절벽에 이르러 더 이상

피할 수 없게 된 두 연인은 저 세상에서 사랑을 이루도록 기원했다. 둘은 서로의 머리채를 묶은 채 378피트의 절벽에서 뛰어 내린다. 두 연인의 사랑과 죽음을 기리기 위해 이곳을 사랑 또는 연인의 절벽이라고 이름 지었다 한다.

이 두 연인의 경우도 마찬가지다. 절벽으로 달아나다 떨어져 죽는 것보다 현실을 극복하고 살 궁리를 했어야 한다. 이들도 분명 천당을 못 가고 지옥에서 벌을 받고 있으리라.

3

아나톨 프랑스(프랑스의 소설가)는 13세기 이집트의 서책 '황금의 전설'과 교회순교자 열전(列傳)에 나오는 이야기를 바탕으로 〈무희(舞姬) 타이스(Thais)〉라는 소설을 썼다.

수도사 파프뉴스는 타이스를 마귀로부터 구원해 줘야겠다고 다짐한다. 타이스는 술집을 경영하는 부모사이에 태어나·성장했다. 그녀는 부모의 학대에 못 이겨 가출, 어느 노파에 이끌려 무희가 되는 교육을 받는다. 회초리를 맞아가며 음악과 춤을 배우고 무대에 서고 뭇 남성들의 사랑을 받게 된다.

수도사 파프뉴스는 어느 날 그녀의 집 문을 두드렸다. 그리고 긴 설교 끝에 타이스로 하여금 회개의 눈물을 흘리게 한다. 그녀가 원하므로 파프뉴스는 알빈 수도원으로 그녀를 인도하여 그곳에서 과거의 죄를 회개하도록 감금시킨다. 파프뉴스는 그 후 사막의 성지로 돌아갔으나 악몽에 시달렸고, 타이스를 향한 애욕은 그를 내적으로 파멸시켜 나갔다. 그즈음 타이스가 죽으려고 한다는 소식에 그는 고행을 접고 알빈 수도원으로 달려갔다. "존경하는 신부님, 당신이 우리에게 주신 성녀(聖女)를 축복하러 오실 줄 알았습니다. 하느님께서 관대한 마음으로 그분을 당신 곁에 부르셨습니다. 행복한 임종이 다가 왔습니다….."

파프뉴스는 무릎을 꿇고 두 팔로 타이스를 껴안으며 말했다. "타이스, 죽지 말아요. 난 당신을 사랑해. 내가 당신을 속였어요. … 참된 것은 인간의 사랑뿐이오. 나와 함께 도망칩시다. 타이스, 일어나요!" 타이스는 그 말을 듣고 있지 않았다. "하늘이 열립니다. 천사와 예언자들, 성자들이 보여요. 하느님이 보여요."

나는 마스네의 〈타이스 명상곡〉을 들을 때마다 타이스의 아름다운 모습과 행복한 죽음을 떠올린다. 그토록 뭇 남성들 동경의 대상이던 무희(舞姬) 타이스가 검은 옷의 성녀 타이스로 변신하여 그녀의 과업을 완수하게 된 기적을 떠올린다. 그녀의 타고난 우아함과 재능을 발휘하여 피리와 노래로써 신을 칭송하고 기도하였으며, 천사들조차 "천당의 숲 속에서 꾀꼬리 노래소리를 듣는다"고 감탄했다. 수녀들조차 그녀의 겸손한 말과 행동을 배웠고, 그녀의 정숙성(貞淑性)을 본받았다. 그녀가 물려받았던 예술적 천성과 아름다움을 고스란히 하느님께 바쳐서 그녀는 그녀의 젊은 영혼을 완전무결하게 정화시키고 이 세상을 떠나갔던 것이다.

더욱이 달 밝은 밤에 듣는 이 명상곡은 애절하게 신을 향해 타이스가 영혼을 가다듬는 기도소리이며, 그녀의 평화로운 죽음을 애도하는 레퀴엠이기도 하다.

구름에 달 가듯이 흘러가는 고정관념

1

한 외딴 집에 도둑이 들었다. 그 도둑은 여느 도둑과 달리 겉모습과 옷차림이 매우 깨끗했다. 도둑이 그 집에 들어가 보석 상자를 꺼냈다. 그때 잠에서 깨어난 주인이 소리를 질렀다.

"도둑이야, 도둑이야!"

주인은 수염이 온 얼굴에 가득했고 옷에는 땟국이 잘잘 흘렀다. 비명을 듣고 지나가던 나그네가 몽둥이를 들고 급히 달려왔다. 도둑은 이때 주인과 마찬가지로 소리쳤다.

"도둑이야, 도둑이야!"

주인과 도둑이 동시에 서로 도둑이라며 소리치자 나그네는 잠시 머뭇거리더니 몽둥이로 주인을 흠씬 두들겨 팼다. 나그네는 겉모습만 보고 도둑을 주인으로, 주인을 도둑으로 착각한 것이었다. 주인이 애원하듯 "난 도둑이 아니라 주인이오. 저 자가 도둑이란 말이오"라고 말해도, 나그네는 "나쁜 놈, 이제는 주인 행세까지 하려고 드네"라고 꾸짖고 더욱 심하게 몽둥이를 휘둘렀다.

윗글은 나울시 우화집에 나오는 '고정관념'을 요약한 것이다. 나그네는 어리석게도 '도둑은 더러운 옷을 입은 자이고, 주인은 깨끗한 옷을 입은 자'라는 고정관념을 갖고 있었던 것이다. 고정관념은 이렇게 참 무서운 것이다.

2

〈악마의 무늬, 스트라이프〉(미셸 파스투로, 2002)라는 책을 읽어보면 고정관념의 역사적 변천이 잘 나타나 있다. '스트라이프'(stripe)는 우리말로 줄무늬를 뜻한다. 줄무늬는 과거에 죄수나 배신자 등 수치를 상징하던 무늬였다. 그런데 현재는 낭만적인 젊음과 패션을 선도하고 있다. 일반적으로 노동직을 블루 칼라, 이의 대립개념으로 관리직은 화이트 칼라고 칭하는데 프랑스에서는 최고 관리직을 줄무늬 칼라고 일컫는다. 이처럼 시대에 따라 같은 대상을 두고서도 인간의 관념이나 개념은 변하는 것이다.

　줄무늬 하면 얼룩말을 연상하게 된다. 얼룩말은 중세
말 위험한 동물로 여겨졌는데 잔인하고 악의적인 동물로
취급되었을 뿐만 아니라 사탄의 지배를 받는다고 했다.
창세기 30장 25~43절 야곱과 라반의 대화를 보면 줄무늬
동물을 폄하했던 문화를 엿볼 수 있다. 문학작품에서도
영웅이나 왕족은 백마를 타고 등장하고, 배신자, 악당,
이방인은 얼룩말을 타고 나타난다. 예전에는 얼룩말의 줄
무늬 털은 그처럼 두렵고 야만적이라고 여겼으나 오늘날
에는 창조주가 빚어낸 '가장 아름다운 걸작'이라고 추앙
받는다. 줄무늬가 자연에서 보기 드문 희소가치가 있는
것으로, 사람의 마음을 끌어당기는 매력적인 것으로 변했
다는 얘기다.

3

　〈명화 속 흥미로운 과학이야기〉(이명희 외 4인, 2006)를
들어보면 '고정관념'에 관련된 명화도 소개되어 있다.

17세기 이탈리아. ‘막달레나 벤튜라’ 라는 여인은 결혼하여 아기도 낳고 행복한 나날을 보내고 있었다. 그런데 서른일곱 되던 해 어느 날 아침 잠에서 깨어 보니 얼굴에 수염이, 그리고 온 몸에 털이 난 ‘털북숭이 괴물’로 변해 있었다. 그 당시 사람들은 의학지식이 없어서 그녀는 하늘이 내린 재앙이라고 절망했고 남편도 침울한 표정으로 한숨만 쉴 뿐이었다. 호기심 많은 총독이 그녀를 나폴리로 불러 스페인 출신 화가 리베라에게 그녀의 초상화를 그리도록 명하였다. 그래서 리베라의 기기묘묘한 작품 〈막달레라 벤튜라의 초상〉이 탄생했다.

수심에 가득 찬, 수염이 난 괴물이 아기에게 젖을 먹이는 이 그림은 주인공이 여자인지 남자인지 모를 지경이다. 이러한 현상은 하늘이 내린 재앙이나 벌이 아니라 여성이라도 호르몬에 이상이 생기면 일어날 수 있다는 사실을 그들이 알 리가 없었다. 모두들 수염은 남성의 전유물이라고 생각했던 것이다. 그래서 예로부터 수염은 강렬한 남성의 권력, 체력, 정력을 상징했다. 여자 털보는 상상도 못했던 일이었다.

르누아르(19세기말 프랑스 인상파 화가)는 젊은 여성과 어린이들을 주제로 독특한 감각의 초상화를 많이 그렸는데 그의 여성관은 전형적인 현모양처형(賢母良妻型)으로 가사에 헌신하는 여성을 이상형으로 여겼다. 그래서 자기 아내가 생후 6개월 된 아들에게 젖을 먹이는 〈모성〉이라는 초상화는 둥근 얼굴과 풍만한 몸매, 건강한 살색 등 전형적인 어머니상을 보여준다. 그런데 그는 1880년 프랑스에서 여성들에 대한 공교육이 전면적으로 실시되는 것에 격분하여 이렇게 말했다. "내가 변호사를 아내로 둔다는 것은 상상조차 할 수 없다. 나는 똑똑한 여자보다 아기 엉덩이를 몸소 닦아주는 무식한 여자가 훨씬 좋다"고.

세상이 다 변하는데 여성의 인격을 무시하고 여성을 단지 살림을 하는 가정부로만 취급하는 르누아르의 고정관념은 페미니스트들의 비난을 받았으나 그는 그의 여성관을 끝까지 바꾸지 않았다.

이 세상사람 개개인이 어떤 생각을 하든 그것은 자유다. 그러나 시간이 흐르고 공간이 변화함에 따라 역사와 인간사도 시시각각 변화한다. 그러므로 가능한 한 고정관

념을 삼가고 사물을 다양한 각도에서 신중히 바라보는 시
각을 가질 때 마침내 창조적 사고와 연구가 꽃을 피우고
열매를 맺을 수 있을 것이다.

명암(明暗)의 법칙

1

　로마 신화의 야누스는 앞과 뒤 두 개의 얼굴을 가지고 있는 신으로서 처음과 끝을 관장하며 전쟁과 평화를 상징하기도 한다. 그 두 개의 얼굴을 가진 야누스는 인간사(人間事)의 여러 가지 명암(明暗)을 시사(示唆)하기도 한다.

　헤르만 헤세의 〈데미안〉의 첫 장은 밝음과 어두움 두 개의 세계를 체험하는 싱클레어의 어린 시절이 전개된다. 그리고 청년기에는 아프락사스라는 것이 밝음과 어두움, 즉 천사와 악마의 두 개 얼굴을 모두 지닌 신이라는 것을 알게 된다. 무의식 가운데 또는 외계로부터 그는 사랑에 대한 쾌락과 공포, 성스러움과 추악함, 천진함과 죄악감 등을 체험하면서 성장하고 적응해 가는 과정이 그려져 있다.

밀란 쿤데라의 〈참을 수 없는 존재의 가벼움〉 속에서도 시종일관 대립의 세계는 반복된다. 빛과 어두움, 가벼움과 무거움, 삶과 죽음, 강직과 나약, 절제와 방종, 육체와 영혼, 성실과 배반, 그리고 우연과 운명….

〈남자들은 왜 악녀에게 끌리는가?〉(타마키 호리에, 2004)에서 '살로메'(오스카 와일드의 비극 주인공)는 악녀로 묘사되고 있는 반면, 〈살로메 유모 이야기〉(시오노 나나미, 2004)에서는 그녀를 효녀로 그리고 있다. 살로메라는 같은 여자를 보는 시각도 양극이다.

톨스토이의 〈기도〉 속에도 빛과 어두움이 깔려 있다. 신의 선물로 한 젊은 엄마는 아들 코스챠를 낳았는데 기쁨이 가시기도 전에 잃어버렸다. 아들이 사경을 헤맬 때 엄마는 살려달라고 두 주일간 기도를 올렸다. "이렇게 귀여운 아기를 하느님이 빼앗아 가시다니! 잔인하고 무자비하신 하느님께 왜 기도를 드렸을까?" 그때 천사가 나타나서 말했다. "하느님이라도 모든 사람의 소원을 모두 들어주실 수는 없지요. 죽음이란 누구에게나 다가오는 것을 모르시나요?"

엄마는 꿈속에서 아들의 모습을 보았는데 귀여운 아기가 아니고 살찌고 능글맞고 술에 취한 추한 늙은이의 모습이었다. 몸서리를 치며 꿈에서 깬 엄마는 안도의 눈물을 흘렸다. 깨끗한 영혼으로 죽은 아들의 이마에 입을 맞추고, 이 세상 누구에게나 다가오는 '자연의 법칙'을 체념 속에 깨닫는 것이었다.

2

인간의 행복과 불행은 빛과 그림자처럼 그리고 동전의 앞과 뒤처럼 한몸이고 함께 다닌다.

강도, 산도, 하늘도, 그리고 모든 풍경들도 똑같은 강과 산과 하늘과 풍경들이지만, 밤과 낮, 계절, 그리고 사랑의 심상(心狀)에 따라 얼마나 많은 모습으로 우리에게 다가오는가? 회색의 하늘, 캄캄한 하늘, 쪽빛 하늘, 노란

하늘 ….

 6월 한낮에는 피사로의 풍경 속 나무들처럼 은빛 비늘이 눈부시게 반짝이던 나무숲이, 어렴풋한 달밤 강물에 배를 띄우고 동그란 종이 등(燈)을 달고 우러러보면 고독한 거인의 실루엣처럼 차가움, 침묵, 신비로움, 괴괴함, 그리고 섬뜩함마저 느끼게 한다.

 헐벗은 겨울 들판에 눈이 내리면 얼마나 아늑하고 신선한가? 판도라의 상자 속에서 흘러나오는 신비스런 연기처럼 안개가 자욱이 긴 마을 어귀, 물동이를 머리에 인 한 여인의 아물아물 사라지는 하얀 치맛자락. 우리들 상상 속의 시골풍경은 솔숲과 흙냄새가 진정 향기로운 모든 인간들의 고향이리라. 그러나 그 이상향(理想鄕)도 가까이 좀더 가까이 가보면 안쓰럽게도 백 미터 미인(美人)인 것을 ….

 탄생과 사망, 요람에서 무덤까지 …. 울음으로 태어나 웃음으로 반기던 침대 머리에서 다시금 울음 속에 영원히 잠겨버리는 인생이란 점, 종착역. 자기 자신이 우는 최초

의 '울음'과 남이 울어주는 최후의 '울음' 사이에는 얼마나
많은 고뇌와 갈등과 그리고 행복과 희열이 있었던가?

그대도 알았을 것이다. 톨스토이의 〈기도〉 속에 나오는
'자연의 법칙', 행복과 불행은 인간이라는 그릇 속에서 빛
과 그림자처럼 항상 사이좋게 손잡고 다닌다는 것을.

빈틈의 미학 (美學)

1

동물의 둥지는 넓은 의미에서 보면 잠자는 곳, 그리고 숨는 곳을 의미한다. 좁은 의미에서는 새끼를 기르기 위한 장소다. 어떤 동물은 먹이를 잡기 위한 둥지를 짓기도 하고, 또 어떤 동물은 결혼하기 위한 둥지를 틀기도 한다. 뿐만 아니라 동물들은 어미와 새끼의 의사소통까지 고려하여 살기 편한 둥지를 지어 자연환경에 잘 적응해 간다.

〈생물의 건축학〉(하세가와 다카시)을 읽어보면 새삼스럽게 자연의 신비와 현명함을 확인하게 된다. 동물의 건축물에는 기하학이 쓰이지 않는다. 특히 외형은 두드러지지 않고 수수하며 자연풍경 속에 묻혀 있는 듯하게 그들의 집을 디자인한다. 인간의 주거형태도 애당초 동물의 둥지로서 출발했으며, 그 둥지는 인간 발명의 원천이 되어 왔다.

2

사하라 사막에 사는 '베짜기새'는 나뭇가지에 둥지를 드리운 듯 트는 새다. 베짜기새의 수컷은 바나나나 야자수 잎새 등 잎맥을 따라 실 가닥처럼 잘라내기 쉬운 잎을 부리로 쪼아, 가는 끈을 만들어 나무 위쪽 가지에 감는 것으로 둥지 틀기를 시작한다. 베짜기새의 드리운 둥지는 현명하게도 엮어짜기를 한 구조로서 장력에 대한 복원력이 아주 강하다. 그러므로 강한 비바람이 그 둥지를 끌어당기더라도 결국은 본래의 안정된 형태로 돌아온다. 그 둥지는 뜨개질(編物) 짜임새로 엮여져서 자연적으로 통풍이 잘 되고 외부환경에 탄력 있게 적응할 수 있다.

지구상에 약 2천 종류가 서식하는 '흰개미'는 나무만 먹고사는 해충이다. 그런데 흰개미는 인간의 초고층 건축물도 무색하게 할만큼 뛰어난 건축가이며 천재적인 설비설계자이기도 하다. 온대에서 열대, 온갖 기상조건 속에서 냉난방

장치, 습도 조절장치를 만들어 생존을 유지하고 번식한다. 둥지도 교묘하게 설계되어 몸에 필요한 온도·습도·통풍을 유지하기 위한 자연적인 공기조절 시스템이 감춰져 있다. 흰개미 중 가장 큰 집을 짓는 '매크로텀스'라는 개미는 산처럼 생긴 둥지를 건축하는데 그 둥지 상층부에 구멍이 각각 방향을 달리해서 뚫려 있다. 이것은 환기창이다. 이 구멍을 통하여 공기가 순환되고 쾌적한 공간이 유지된다.

'호박벌'은 길이가 1~3㎝의 땅딸보 털북숭이 꽃벌로 부풀어오르는 둥지를 짓는다. 호박벌은 하나의 방에 여러 개의 알을 낳아 부화시키는데 애벌레가 자라는 동안 둥지에 수시로 먹이를 넣어준다. 특히 애벌레가 자라서 커지면 육아방의 벽이 점점 늘어나서 애벌레 규모에 맞게 방의 크기가 조절된다. 방의 공간 자체가 매우 유기적으로 신진대사를 하여 발생·성장·소멸의 과정을 되풀이한다.

3

임어당은 〈생활의 발견〉 "우유론"(優游論)에서 한적한 생활에 대하여 이렇게 말한다.

가축들은 생활을 위해 일하지 않고 가고 싶은 곳은 어디든지 나다닌다. 아등바등 살겠다고 발버둥치는 인류만이 우리 안에 갇혀서 사육되고 강요된 생활을 해야만 한다.

또한 그는 선진국 사람들의 세 가지 결함을 지적한다.

능률, 정확, 성공욕 이 세 가지야말로 그들을 불행하고 신경질적으로 만든다. 그 세 가지가 인간의 한적한 생활의 권리와 유쾌한 오후를 사취(詐取)해 버리는 것이다. 넓은 의미에서 볼 때 이 세상에는 비극적 종말이라는 것은 없으며, 무엇을 완전하게 수행한다는 것보다, 미완성인 채로 남겨둔다는 것이 좀더 훌륭한 결말의 가능성을 갖게 하는 것이다.

4

베짜기새와 호박벌의 편물같이 탄력 있는 둥지, 그리고 흰개미의 교묘하고 쾌적한 공기·습도·냉난방 조절장치를 갖춘 둥지는 모두가 자연의 가르침대로 지은 것이다. 그들 둥지에는 숨구멍이 있으므로 질식하지 않고 살아서 호흡하고 2세를 기르고 가르치며 의사소통 할 수 있다.

그런데 인간들이 사는 집(家屋, 居處)이 과연 동물들의 둥지만큼 그렇게 탄력있고 쾌적하고 여유만만한가? 안쓰럽게도 우리들의 집은 소음과 매연과 비좁은 공간 속에 갇혀 숨막힐 때가 많다.

사람을 포함한 모든 생물은 빈틈이 없으면 숨 막혀 죽는다. 무생물까지도. 인간 삶의 결정적 순간들은 그 빈틈에서 이루어진다. 음악듣기, 영화보기, 여행하기, 운동하기, 책과 대화하기 그리고 빈둥거리며 휴식하기 등.

화분의 꽃과 나무는 물론, 내 방 책과 가구들도 숨을 쉬어야 수명이 오래간다. 무생물도 빈틈이 있어야 공기가 통하여 곰팡이가 안 슬고 부패하지 않는다. 내 작은 책 둥지에는 발간된 지 40년이 넘는 세로로 쓰여진 책들이 있다. 그들은 늙어서 얼굴색도 변했고 몸도 매우 약해졌다. 한 장 한 장 넘길 때마다 물고기 비늘처럼 책장의 일부가 떨어져 내린다. 그러나 그 고전들의 내용은 한결같아서 나의 영혼을 열어 주고 투명하게 해준다. 그들은 나의 숨통을 뚫어준다. 나도 그들이 숨쉬도록 틈을 주고 환기시키고, 손으로 쓰다듬고 내 입김으로 목욕을 시켜준다.

온갖 풍상(風霜)을 다 겪은 내 오디오기기의 LP음반은

가끔 직직거리긴 하지만 고지식하게 생략도 않고 긴 4악장을 끈질기게 들려준다. 이것들도 콩나물시루처럼 빼곡히 끼워진 것을 부지런히 빼내어 환기시키고 닦아줘야 한다.

이렇듯 내 둥지의 모든 것들은 빈틈 있는 공간에서 나와 함께 숨쉬며 살아간다. 임어당은 선진국 사람들의 빈틈없는 생활을 우려하고 있다. 가축들처럼 인간도 한적하고 자유로운 생활을 할 권리가 있다. 여유를 갖고 중용(中庸)을 배우고 관용(寬容)을 베풀며 발걸음마다 단정한 추억을 남겨 놓고 싶다.

다시금 음미해본다. 베짜기새의 엮어 짠 둥지의 탄력성과 호박벌의 부풀어오르는 둥지의 유연성 그리고 흰개미의 환기장치를 갖춘 둥지의 쾌적함을.

태고의 정적 속에 오늘도 별이 바람에 스치는 밤. 내가 숨쉬고 잠자며 책 읽고 글쓰는 높디높은 나의 보금자리가 갑자기 동물의 둥지처럼 느껴진다. 내가 자연으로 돌아가고 있는 것일까?

이별의 양상 (樣相)

1

문학평론가 조연현의 〈문학적 인생론〉 제 4장 "이별(離別)의 사상"에 보면 이런 내용이 있다.

… 이별은 살아가야만 되는 인생의 매일 되풀이되는 생(生)의 한 형태다. 그러므로 이별은 하나의 종결이요, 해결인 동시에 하나의 출발이요, 발단(發端)이다.

… 누구에게나 슬픈 이별은 그의 즐거운 인생의 한 역설(逆說)이다. … 이별을 무서워해서는 안 된다. 정말 무서운 것은 이별할 아무 것도 없는 인생의 쓸쓸함이다. 인생의 모든 것과의 최후의 이별인 죽음의 순간에 있어서도….

이탈리아의 인류학자 프랑코 라 세클라는 그의 저서 〈이별의 기술〉에서 이렇게 피력(披瀝)하고 있다. "이별은 사랑의 종말이 아니라 사랑의 한 부분이다. 이별마저 사랑에 포함된 고통스런 한 부분이다. … 이별은 끈적끈적하고 구질구질하고 집요하고 서글픈 것이다. … 이별하는 사람, 이별을 애기하는 사람의 마음은 산산이 부서져, 그 조각들이 부딪히며 고통스러운 소리를 낸다." 세클라 자신도 그 무렵 이별의 쓰라린 고통을 겪었다고 한다.

사랑의 종말은 대체로 나쁘게 끝난다. 이별의 순간에 인간은 얼마나 잔인한가? 이별하면서 사람들은 가장 악랄한 적에게도 하지 않을 짓을 서슴지 않고 상대에게 저지른다. 반면에 연인으로부터 버림받은 하소연을 음악, 노래, 문학작품 등 예술로 승화시키기도 한다.

2

타임머신을 타고 과거로 돌아가 이별의 노래를 훑어보면, 그 역사가 꽤 깊다는 것을 알 수 있다. 이별을 소재로

한 최초의 시가(詩歌)는 고구려 유리왕이 지은 〈황조가〉
(黃鳥歌)라고 한다. 유리왕은 그의 애인 치희가 떠나가고
돌아오지 않자, 실망하여 나무 밑에서 이별을 탄식하던
중 황조(꾀꼬리)가 짝지어 노니는 것을 보고 이 시가를 지
었다고 한다.

　　펄펄 날며 오락가락 노니는 꾀꼬리들
　　암수 서로 정다운데 외로운 이 내몸은
　　뉘와 함께 돌아가리.

　이 시가는 한자로 쓰인 것으로 〈삼국사기〉에 실려 있다.
본격적인 이별의 시가는 신라의 향가로, 사별의 슬픔을
승화시켜 구도정신을 나타낸 스님 월명사(月明師)가 지은
〈제망매가〉(祭亡妹歌)가 전해진다. 이와는 달리 현세적
애정에 의거하여 육감적으로 묘사한 고려 가요 〈가시리〉
(작자미상)가 있다.

　　가시렵니까, 가시렵니까 버리고 가시렵니까
　　나는 어찌 살라하고 버리고 가시렵니까
　　붙잡아 둘 일이지마는 시틋한 생각에서

마음이 거칠어지면 돌아오지 않을까 두렵습니다.
괴로운 임을 보내드리오니 가시자마자 곧 돌아오소서.

　편의상 요즘 말로 적어 보았다. 가식 없고 소박하면서
도 함축성 있고 이별의 애절한 정한(情恨)을 노래한 것으
로 가히 압권(壓卷)이라 할 수 있다.

　또한　이별노래는　구전민요 〈아리랑〉에서 〈진달래꽃〉
(김소월)과 〈님의　침묵〉(한용운)으로　이어진다. 〈진달래
꽃〉은 나중에 인용하기로 하고 먼저 한용운의 〈님의 침
묵〉을 읊어 보자.

님은 갔습니다. 아아, 사랑하는 나의 님은 갔습니다.
푸른 산빛을 깨치고 단풍나무 숲을 향하야 난 적은 길을
걸어서 참어 떨치고 갔습니다.
황금(黃金)의 꽃같이 굳고 빛나든 옛 맹서(盟誓)는 차디찬
티끌이 되야서,
한숨의 미풍(微風)에 날어 갔습니다.
… 중략…
우리는 만날 때에 떠날 것을 염려하는 것과 같이,

떠날 때에 다시 만날 것을 믿습니다.
아아, 님은 갔지마는 나는 님을 보내지 아니하였습니다.
제 곡조를 못이기는 사랑의 노래는 님의 침묵(沈默)을 휩
싸고 돕니다.

만해(萬海) 한용운은 〈님의 침묵〉 이외에도 이별을 주
제로 한 시를 여러 개 썼는데 〈이별〉이라는 시에서 몇 구
절(句節)을 발췌해 본다.

… 죽음이 한 방울의 찬 이슬이라면
이별은 일천 줄기의 꽃비다.
… 이별은 사랑을 위하여 죽지 못하는 가장 큰 고통이다.
… 진정한 사랑은 애인의 포옹만 사랑할 뿐 아니라
애인의 이별도 사랑하는 것이다.
… 이별은 애인의 육(肉) 뿐이오, 사랑은 무궁하다.
… 아아, 이별의 눈물은 진(眞)이오 선(善)이오 미(美)다.

〈한국의 민요(民謠)〉(임동권, 1989)에 수록된 이별의 노
래를 들어보자. 시집가는 여자가 부모와의 작별을 서러워
하는 〈석별가〉(惜別歌)다.

오홉다 동류들아 이 내 말씀 들어보소
역류 같은 천지요 유수 같은 광음이라
인의여지 성품타서 사람이 생겼으니
… 금옥이 중타 해도 없다가도 다시 있네
낙일 같은 부모 연세 다시 있기 가망 없다
불행한 이 내 몸이 여자로 생겨나서
이십에 미급하야 혼인을 지낸 후에
신행날 당도하니 바삐 가자 재촉하네
삼사마의 짐을 실코 사인교를 비겨 타고
어마 옷깃 후려 잡고 작별을 하자니
연연이 눈물이요 자자히 한숨이라.

　사람이 죽어서 하는 이별은 어쩔 수 없는 불가항력(不可抗力)의 인간사다. 초로인생(草露人生)의 허무함을 노래하는 〈상여소리〉를 들어보자.

북망산이 머다드니 문턱 밖이 북망 일세
어! 허이에! 헤! 에헤! 어! 헤!
서른두 명 상두군이 양쪽에서 메고 가네
앞산도 착잡하고 뒷산도 첩첩하다
황천이 어디라고 그리 쉽게 가랴는가
애초시에 이 세상에 생기지나 말을 것을

죽어서 하직하니 불쌍하고 서른지고
왔다 가면 그저 가지 놀던 터에 이름두고
그리 바삐 가단 말가
…이제 가면 언제 오나 내년 이때 다시 오나
옹솥 안에 삶은 팥이 싹이 나면 오실랑가
…구름 같은 이 세상에 초로 같은 우리 인생…

3

이제 타임머신에서 내려 주변을 돌아보자. 〈호밀밭 파수꾼을 떠나며〉라는 여류 작가 조이스 메이나드의 자서전에 나타난 이별의 모습은 어떠한가? 18살의 메이나드는 "18살의 자서전"을 《뉴욕 타임스》 매거진에 발표한 것을 계기로 〈호밀밭의 파수꾼〉의 저자인 J. D. 샐린저와 서신을 교환하게 된다. 이 세상 문학계의 전설적 존재이고 젊은이들의 우상이던 샐린저는 그녀에게 종교였고, 영혼이었고, 구원이었으며, 계시였고 운명이었다. 동거 후에 거부당하고 내쫓겨 상처받았지만….

그들의 이별장면도 그리 유쾌해 보이지 않는다. 그는 오래 전에 그녀를 떠났으나 그녀는 그에게서 쫓겨난 후에도 줄곧 그를 존경했다. 춥고 황량한 겨울, 이미 중년에 접어든 조이스 메이나드는 샐린저가 살고 있는 뉴햄프셔를 방문한다. 경외(敬畏)에 찬 10대가 아니라 성숙한 한 인간의 눈을 갖게 된 그녀는 그를 그의 집 현관 밖에서 만난다. 무표정하게 그가 묻는다.

"무슨 일로 왔지?"
그녀는 한 가지 질문을 던진다.
"물어볼 것이 있어서 왔어요. 당신의 인생에서 나의 이용가치는 무엇이었죠?"
그는 분노에 차서 대답하지 않았다. 그녀는 그에게 상처를 주고 싶은 생각은 없었다. 이제 그를 떠나 보낼 뿐이었다.
"당신한테 작별을 고하고 싶어요, 제리."
… 그녀가 돌아서 걷기 시작했을 때, 등 뒤에서 그가 외쳤다. 그처럼 사랑했던 그에게서 상상도 못했던 말이었다.
"난 당신을 이용하지 않았어! 당신에 대해선 아무것도 알지도 못해."

그녀가 차에 탔을 때 폭풍이 몰려왔고 눈물과 빗물 때문에 앞이 안 보였다. 결국 그녀는 표지판을 들이받고 말았다. 전설적 존재, 젊은 날의 우상(偶像)도 이별 앞에서는 이성을 잃었던 것 같다. 세클라의 말처럼 정말 이별은 "끈적끈적하고, 구질구질하고, 집요하고, 목메는 것"이다.

4

  죽음이라는 것은 불가항력의 인간사이기 때문인지 모르지만 사별(死別)이 생이별(生離別)보다 더 서글픈 것 같다. 사람이 죽은 후에는 사람마다 성품과 인격과 가치관이 달라서 이 세상에서의 인류에 대한 공헌도가 서로 다르고, 사람마다 각각 지은 죄에 대한 벌의 형량(刑量)이 다르므로 저 세상에 가 있는 곳도 다를 것이다. 가령 부모는 사후에 천당에 가 계신데 자녀들은 지옥에 떨어져 있다든지, 죽은 남편은 천당에 갔는데 아내는 연옥에 가 있다면, 저 세상에 가서도 만나기 어려울 것이다. 그러나 생이별은 이 세상에서 살아있는 한 다시 만날 수 있는 가능성이 있지 않은가? 제인 오스틴의 〈오만과 편견〉에서 제인과 빙리가 한때 이별을 겪었지만 세월이 흐른 후에 다시 만나 결혼한 것처럼.

5

조연현과 세클라가 말했듯이 "이별은 인생과 사랑의 한 부분"이다. 그런데 예로부터 지금까지 사람들은 이별하면서 그토록 아끼던 연인에게 악랄하고 잔인하게 상처를 주고 떠난다. 세련되지 않은 이별풍경은 이제 사라져야 한다. 원시적인 헤어짐에서 문화인적인 헤어짐을 실행해 볼 때라고 생각한다.

1922년 김소월은 불후의 명작 〈진달래꽃〉을 써서 남겼다. 비록 반어법(反語法)에 의거한 것이지만 그 옛날 어쩌면 그처럼 이별에 초탈한 세련되고 예쁜 시를 썼을까 감탄스럽다.

나보기가 역겨워 가실 때에는
말없이 고이 보내 드리우리다.
영변에 약산 진달래꽃
아름 따다 가실 길에 뿌리우리다.
가시는 걸음걸음 놓인 그 꽃을
사뿐히 즈려 밟고 가시옵소서.
나보기가 역겨워 가실 때에는
죽어도 아니 눈물 흘리우리다.

　이별의 서글픈 고통을 억누르고 참고 견디며 체념하는 여인의 모습이 떠오른다. 그녀의 옷고름으로 얼마나 많은 남몰래 흐르는 눈물을 닦아 냈을까?

　아무리 이별의 시련이 크다 해도 새롭고, 아름답고, 유머러스한 인생과 사랑의 종말이 이어지고, 작별하는 사람들의 염원인 재회의 가능성이 실현되었으면 좋겠다.

문학작품에 나타난 색깔들

1

백과사전을 펼쳐보면 색상(色相)의 종류가 무려 수십만 가지나 된다고 한다. 색깔에도 차가운 색(파랑, 남색, 녹색 등)과 따뜻한 색(빨강, 주황, 노랑, 자주색 등)이 있다. 색채의 선호(選好)에 개인차가 크나, 대략 좋아하는 색상의 순위는 ① 파랑 ② 빨강 ③ 녹색 ④ 보라 ⑤ 오렌지색 ⑥ 노랑이라는 조사결과가 있다고 한다.

무채색인 흰색, 회색, 검정색은 비일상성(非日常性)을 지니고 있어 종교의례 속에서 많이 사용된다. 특히 흰색과 검은색은 대비되는 한 쌍의 색상으로 상징하는 것이 엄청나게 많다.

여러 민족들에게서 공통적으로 상징되는 예를 들어보면, 흰색은 순결, 청결, 생명, 행복, 선(善), 아름다움 등을 나타낸다. 검정색은 부정(不淨), 죽음, 악(惡), 불행, 간통, 악마, 어두움 등을 상징한다. 빨강은 빛, 생기, 매력, 성애(性愛), 정열, 흥분, 태양, 불꽃, 피, 화려함, 위험, 금지를 나타내며, 동적이고 자극적인 느낌으로 표현된다. 노랑은 부(富), 태양, 영광, 희망, 명랑, 호사를 상징하고, 녹색은 생명과 낙원의 색, 부활, 성장과 번영을 나타낸다. 파란색(blue)은 우울, 냉정, 비관의 의미를 지니고, 하늘과 영혼을 상징하며, 중세부터 경건한 색, 왕의 색이었을 뿐만 아니라 현대인이 가장 선호하는 색으로 군림하게 되었다.

2

〈블루(Blue), 색의 역사〉(미셸 파스투로, 2002)의 한 구절이다.

…독일 낭만주의의 파란색은 아프리카풍 미국 음악양식인 '블루스'(the blues)와 관련지을 수 있다. 우수에 찬 네 박자

의 느린 리듬이 특징인 블루스는 1870년대를 전후로 서민 계층에서 탄생한 것으로 보인다. 이 미국식 영어단어 '블루스'는 '블루데빌'(*blue devils*, 푸른 악마들)을 줄인 것이다. '푸른 악마'란 우울함, 향수병, 울적함 등을 나타낸다. …

계속되는 미셸 파스투로의 재미난 애기를 들어보자.

… 계몽주의 시대와 낭만주의 초기 문학은 청색 톤의 새로운 유행을 반영하고 있다. 그 예를 들면, 1774년 독일에서 발행된 서한체 소설 〈젊은 베르테르의 슬픔〉에서 괴테가 묘사하고 있는 유명한 베르테르의 파란색과 노란색 복장이다. 베르테르가 로테와 처음으로 춤을 추었을 때 입었던 청색 연미복(燕尾服)과 노란색 조끼가 그 당시 젊은이들 사이에 큰 인기였다. 그 당시 독일에서 청색이 유행하고 있었으므로 괴테는 자신의 주인공에게 청색 옷을 입힌 것이다. 베르테르는 권총 자살을 할 때도 똑같은 청색 연미복을 입고 있었다. 그 이후 청색은 우수와 고뇌의 상징으로 계속 남게 되었고, 현재까지 블루스의 리듬 속에서 그 역할을 계속하고 있다.

3

셰익스피어 시대의 작가 존 웹스터(1580~1625)의 〈하얀 악마〉(*The White Devil*)는 어두움, 정욕, 죄악, 복수의 잔악함을 묘사한 비극적인 유혈극(流血劇)이다. 이탈리아 창부(娼婦) 비토리아(Vittoria)의 사실(史實)에 근거를 둔 이 작품에서 비토리아는 악마적 죄상이 역력함에도 불구하고 죽는 최후의 순간까지 태연한 태도로 무죄를 주장한다. 그녀가 미모와 달변(達辯)으로 법정을 압도하는 가운데 심판 최후의 장면에서는 셰익스피어의 작품에 못지않은 시정이 흐른다. 그녀는 분명히 죄인인데도 죽는 최후의 순간까지 죄를 뉘우치지 않지만 사람들로부터 연민(憐憫)의 정을 느끼게 한다. 그러므로 그녀는 '하얀 악마'로 표현된 것이다. 여기서 '하얀'은 '귀여운'이란 뜻을 내포하는 것 같다.

재미있는 것은 이와는 반대개념의 문학작품도 있다는 사실이다. 프랑스 작가 모리악은 범죄소설 〈검은 천사〉(*The Black Angel*, 1936)를 썼는데 선악(善惡)의 상극을 잘 묘사한 드라마다. 남자 주인공 가브리엘은 악행으로 더렵

혀진 영혼이다. 그럼에도 그는 죄를 뉘우치고 마음을 정화시켜서 구원을 받으므로 천사가 될 가능성이 있다는 것이다. 다만 '검은 천사'로. 여주인공 아딜라는 외면상으로 성녀(聖女) 같지만 가브리엘에게 정욕과 악행을 가르쳤으므로 유죄(有罪)다. 그래서 그녀도 '검은 천사'다. 여기서 '검은'은 '죄지은'의 뜻으로 해석된다.

에드거 앨런 포의 유명한 〈검은 고양이〉(*The Black Cat*, 1843)는 시종일관 어두운 분위기에 휩싸여 있다. 이 작품에서 '검은색'은 권태, 증오, 공포, 죽음을 상징한다.

… 애꾸눈의 검은 고양이는 온몸이 먹물을 부은 듯 시꺼먼 털로 덮여 있었다. … 그 모습을 볼 때마다 그는 그 고양이가 자꾸만 싫어지는 것이었다. 마침내 그는 검은 고양이를 죽여 버리기로 결심했다. … 그런데 그 고양이는 아내의 시체 머리 위에서 비명을 지른 것이었다. …

이로써 인과응보의 결말이 다가왔다. 예로부터 고양이는 자기에게 해를 끼친 사람에게 기필코 앙갚음을 한다는 말이 실감난다.

라이너 마리아 릴케의 시 〈검은 고양이〉(신시집, 1907)
에서는 고양이의 위상이 높다. 그는 검은 고양이의 눈길
에서 심연에 내재한 신(神)을 느끼는 것이다. 릴케는 어
둠을 사랑하고 밤을 찬양하며, 죽음을 높은 곳에 올려놓
았다. 자아와 대상을 동일시하고 신은 모든 사물에 편재
해 있음을 노래한다. 그의 신은 기도와 부활에만 있지 않
고 '정적' 속에, '이별', '어두움', '자장가', 그리고 가시 돋
친 '장미' 속에도 있다. 경건한 마음으로 사물을 바라봄으
로써 표독스런 '검은 고양이'도 신비로웠고, 가시 돋친 장
미도 연인처럼 사랑하고 찬미하였다. 어느 날 산책도중
릴케는 베인 부인을 위해 장미꽃을 꺾다가 가시에 베인
상처로 인해 병을 얻어 아깝게도 목숨을 잃었다. 결국 그
는 그가 그토록 사랑하던 장미 속으로 들어가 숨어버린
것일까? 그의 최후는 또 하나의 불가사의(不可思議) 한 죽
음의 신비를 남겨 주었다.

프랑스 작가 스탕달은 1830년 장편소설 〈적(赤)과 흑
(黑)〉을 완성, 간행했는데 그의 연구가들마다 그 색의 상
징에 대해 견해가 달랐다. '적'(赤)은 살인자, 좌경자유주

의 사상 또는 군인을 상징하고, '흑'(黑)은 승복(僧服) 즉 성직(자)을, 또는 성직자들 세계의 교권과 그들의 음모를 상징하는 것으로 알려졌다. 그러나 작가가 직접 언급한 것에 의하면 '적'(赤)은 제정시대의 영광(공화파), 그리고 '흑'(黑)은 왕정복고시대의 암울(왕당파)을 나타내는 것이었다. '적과 흑'은 다분히 그 당시 정치적인 사상과 음모와 상쟁(相爭)을 표현한 색깔들이다. 원래 색이란 무엇보다도 사회적 현상이므로 시대와 문화를 초월한 색의 진실은 존재하지 않는 것이다.

〈킬리만자로의 눈〉(헤밍웨이, 1936)의 피날레(*finale*)에는 이런 구절이 있다.

… 죽음이란 별안간 닥쳐오는 것이 아니라, 촛불을 사르르 흔들어 불꽃을 일으키는 바람처럼 불어오는 것이다.

주인공 해리는 다리의 통증 때문에 계속 잠에 빠져서 꿈을 꾸게 된다. 그는 꿈을 꾸면서 죽어갔다. 꿈속에서 킬리만자로를 본 것이다.

… 세계의 지붕이나 되는 것처럼 거대하고 높다란 킬리만자
로의 네모난 봉우리가 햇빛을 받아 하얗게 보였다. 그때서
야 그는 자기가 가고 있는 곳이 바로 거기임을 깨달았다.

그는 숨을 거두기 직전까지도 "내가 여태껏 한 번도 잊은
적이 없는 것은 '호기심' 뿐이다. … 글을 쓰고 싶다"라고
의욕을 보였다. 이것은 끈질긴 삶에 대한 헤밍웨이 자신
의 투쟁정신을 보여주는 것이다.

킬리만자로(산)는 아프리카 탄자니아의 화산으로 그 대
륙 최고봉이며 '빛나는 산'이란 뜻을 지니고 있다. 적도 부
근에 있으면서도 산꼭대기는 만년설(萬年雪)로 뒤덮여서
'하얀 산'이라고도 하며 '신의 집'이라고도 불리 운다. 주인
공 해리는 결국 꿈을 잃지 않고 태연한 모습으로 이 세상을
떠나 행복하게 '신의 품'인 킬리만자로에 안긴 것이었다.

〈붉은 산〉(김동인, 1932)에 눈길을 돌려보자. 당시 우
리 민족은 고향을 떠난 만 리 밖에서 학대받는 인종의 가
엾음과 억분함을 호소할 길이 없었다.

… 익호는 죽음의 경련 속에 마지막 힘을 혀끝에 모아 입을 열었다. "보구 싶어요. 붉은 산이 …. 그리구 흰옷이! … 노래를 불러주세요. 마지막 소원 … 노래를 해주세요. 동해물과 백두산이 …." 동해물과 백두산이 마르고 닳도록 … 무궁화 삼천 리 화려강산 …. 광막한 겨울의 만주 벌판 한구석에서 익호의 죽음을 애도하는 노래가 울려 퍼졌다.

물론 죽어가면서 익호가 그리워한 붉은 산은 조국을, 그리고 흰 옷은 우리 민족(동포)을 상징한다. 지금 우리나라 산들은 푸른 산이지만 그 당시에는 나무를 심는 것보다 땔감으로 마구 잘라 썼을 뿐 아니라 일제의 목재 징발로 헐벗어 흙이 드러난 붉은 산이 대부분이었다고 한다. 그리고 우리 민족은 예로부터 흰옷(白衣 또는 素服)을 많이 입었다.

4

그밖에도 문학작품에 나타난 색깔들은 여러 곳에서 볼 수 있다. 〈파랑새〉(마테를링크, 1908)는 동화극으로 희망과 행복을 상징한다. 또한 그 파란색은 하늘과 영혼을 나

타내는 경건한 색상으로 우리들 가까이 존재하고 있는 것
이다.

〈백설공주〉(Grimm동화집, 1812)에도 여러 색이 등장한
다. 여왕은 바늘에 찔려 나오는 피를 보고 기원한다. 눈
같이 하얀 피부, 피처럼 빨간 입술, 흑단의 창틀처럼 까
만 머리카락의 아이를 가졌으면…. 결국 여왕은 그런 딸
을 낳고 죽는다…. 이후 들어온 계모는 마녀로 변신하여
까만 옷을 입고, 독이 든 빨간 사과를 가져다가 눈처럼 흰
피부의 백설공주에게 먹인다. 다행히도 백마 탄 왕자가
나타나서 백설공주를 구해 주는 해피엔딩이다. 동화 속에
나오는 이야기의 색채도 단순한 것이 아니고 그 당시 지
배적이던 3색 체계(빨강, 하양, 검정)가 반복되는 것이다.
또한 '백마 탄 왕자'와 '백설공주'의 흰색은 순결, 생명, 행
운, 선(善), 아름다움을 상징한다.

현대인에게 있어서 색상(色相)은 매우 다양하고 별 의
미 없이 혼합되어 있다. 더구나 똑같은 대상이라도 인간
의 심상(心狀)에 따라 다른 색으로 보이므로 더욱 다양하
다. 만약 남자에게 배신당한 한 여인이 있다면, 그녀는
분명 새하얀 눈이 흩날리는 날, 그의 속삭임이 모두 새빨

간 거짓말이었다는 사실을 알고, 새까만 눈동자에 눈물이 맺혀서, 샛노란 하늘을 바라볼 것이다. 따뜻한 마음을 지니고 애정 어린 눈길로 세상을 바라볼 때, 차가운 강도 따뜻하게 느껴지고, 우울한 월요일(*blue Monday*)도 즐거운 날로 맞이하게 되어 신나는 하루를 열게 될 것이다. 릴케처럼 모든 사물에서 신을 느끼고 흰 백합처럼 그리고 킬리만자로의 눈처럼 숭고하고 결백(潔白)한 영혼을 간직하게 되리라.

슈즈 스토리 *(Shoes Story)*

1

인간이 신발을 신는 주된 목적은 방한, 방서, 오염, 침윤, 그리고 해독 있는 동물로부터 발을 보호하기 위함이다. 신발의 원조는 고대 이집트에서 종려나무를 엮어 만든 개방형 샌들이라고 한다.

우리나라의 가장 오래된 신 중 하나는 '짚신'이 있고, 조선시대에는 소나무와 오리나무를 사용하여 신과 굽을 한꺼번에 만든 나막신이 있다. 나막신은 비올 때 신던 나무로 된 신발이다. 1880년대 이후 외국으로 나갔던 외교관들이 구두를 신고 돌아와서 한국에 요즘에 신는 형태의 구두가 최초로 등장하게 되었다. 고무신은 1919년 '대륙

고무공업사'가 설립된 이후 만들어지기 시작했다고 한다.
1920년대에 와서야 비로소 구두와 양말이 유행되고, 1960
년대에 미니스커트가 유행함에 따라 여성의 긴 부츠도 등
장하고 보급이 급속화 되었다고 한다.

2

한 시대의 사회적 흐름에 따라 예술작품에도 그 유행이
반영되는 것은 예나 지금이나 변함없는 현상이라고 본다.
1920년대 작곡된 우리 동요 〈오빠 생각〉(최순애 작사, 박
태준 작곡)을 들어보자.

뜸북뜸북 뜸북새 논에서 울고
뻐국뻐꾹 뻐꾹새 숲에서 울제
우리 오빠 말 타고 서울 가시면
비단구두 사가지고 오신다더니

기럭기럭 기러기 북에서 오고
귀뚤귀뚤 귀뚜라미 슬피 울건만
서울 가신 오빠는 소식도 없고
나뭇잎만 우수수 떨어집니다.

우리 오빠 말 타고 서울 가시면 '비단구두' 사가지고 오신다더니 …. 그 당시 구두는 정말 갖고 싶은 물건이었을 것이다. 더구나 '비단구두'는 얼마나 귀한 신발이었을까? 가슴 설레며 기다리는 시간이 오히려 아름답고 순수한 동심의 세계일 것이다.

얼마 전 상영되었던 이란영화 〈천국의 아이들〉(마지드 마지디 감독, 한국에서 2001년 상영)은 시종일관 신발 얘기로 이어진다. 신기료 할아버지가 신발을 꿰매는 동안 지켜보는 까만 눈동자의 소년 알리. 그 분홍색 꽃신은 여동생 자라의 낡은 신발이다. 그런데 잠시 알리가 식료품상에 간 사이 넝마주이 아저씨가 다른 폐품들과 함께 그 신발을 쓸어가 버렸다. 하나밖에 없는 자라의 신발을 잃어버린 후 그날 밤 두 남매가 궁리 끝에 내린 결론은 '자라가 오전반이니까 알리의 운동화를 신고 학교에 다녀오면, 곧바로 오후반인 알리가 운동화를 받아 신고 학교에 가는 것'이었다. 자라는 부모님에게 절대로 안 일러바치겠다고 약속했고, 오빠 알리는 이를 무마시키기 위해 시험에서 만점을 받아 상으로 받은 금빛 볼펜을 동생에게 주었다.

얼마 후 자라는 자기의 분홍신을 신고 있는 한 여학생을 발견하고 알리와 함께 뒤쫓아갔는데 그 아이 집은 몹시 누추할 뿐만 아니라 아버지는 장님 목판장수로 자신들의 집보다 더욱 가난했다. 그 상황을 보고 두 남매는 말없이 집으로 되돌아오는데 그 표정은 철든 어른 같았지만 슬픈 것이었다. 며칠 후 알리는 마라톤 대회에 출전하기로 결심한다. 대회 3등에 입상하면 부상(副賞)으로 운동화를 받을 수 있고 그 운동화를 동생에게 선사하고 싶었기 때문이었다. 그러나 너무나 잘 달린 나머지 알리는 1등을 했고 그 바람에 운동화를 받겠다는 뜻을 이루지 못하고 눈물을 흘렸다.

3

그림동화집에나오는 〈신데렐라〉의 유리구두는 이미 널리 알려진 이야기다. 이 신데렐라의 환상적이고 통쾌한

---

* parody: 문학작품의 한 형식. 어떤 저명 작가의 시구나 문체를 모방하여 풍자적으로 꾸민 익살스러운 시가(詩歌)나 산문(散文).

패러디(*parody*)*인 〈신데렐라 언니의 고백〉(그레고리 매과
이어, 원제: 못생긴 의붓언니의 고백, 2003)을 들어보자.

부유한 화상(畵商)인 반 덴 메르는 그의 아내 헨리카와
예쁜 딸 클라라와 함께 고래등 같은 저택에서 살고 있다.
딸 클라라는 튤립처럼 아름답고 비밀 많고 우울하고 혼자
노는 것을 좋아하는 소녀다. 남편과 사별한 마가레타는
생계를 위해 그녀의 두 딸, 아이리스, 그리고 루스와 함
께 이 집에 들어와 살게 된다. 마가레타는 가정부로, 아
이리스는 클라라의 친구가 되어주고 영어를 가르쳐 주는
임무를 맡았다. 루스는 큰딸이나 굼뜨고 모자라 하릴없이
따라만 다닌다.

클라라의 엄마 헨리카는 잔병치레가 많았는데 결국 출
산할 때 출혈이 심해 죽고 말았다. 헨리카가 죽고 난 다음
클라라는 마가레타와 그의 딸들로부터 구박을 받기 시작
한다. 그 후 마가레타는 반 덴 메르와 결혼해 클라라의 새
엄마가 된다. 이때부터 클라라는 부엌에서 살며 '재투성이
소녀'가 되어 고분고분 하녀 노릇을 한다.

드디어 메디치가의 무도회가 열리는 날이 다가왔다. 클
라라는 카스파르(화가의 조수)가 구해 온 금빛 드레스와

하얀 구두, 그리고 검은 베일로 치장해 눈부시고 환상적인 숙녀로 변했다. 무도회장에 들어섰다. 그녀를 본 마르실락 왕자가 함께 춤추기를 원했지만 "발목을 다쳤어요"라고 거절하였다.

그러는 사이 화재가 발생하여 사람들이 흩어지고 무도회장에 걸려 있는 클라라가 모델이었던 〈튤립을 든 처녀〉라는 초상화가 불타버렸다. 이 화재는 바보 같은 루스가 저지른 것으로 그 까닭은 클라라에 대한 질투 때문이었다. 아수라장을 빠져 나오느라 클라라는 구두 한 짝만 신고 나오게 됐다.

이튿날 왕자가 마가레타의 집을 방문한다. 구두 한 짝을 들고. 아이리스에겐 너무 크고 루스에겐 너무 작았다. 순간 왕자는 루스 손등의 물집을 보고 그 원인에 대해 추궁했다. 멍청한 루스는 거짓말도 못하고 동물처럼 끅끅 울기 시작한다. 왕자는 이미 방화한 사람을 알고 온 것이다. 화재로 피해를 입힌 책임을 묻고 벌을 받게 될 것이라고 왕자가 말한다. 이때 심부름에서 돌아온 클라라는 사태를 파악하고, 그 구두 한 짝을 신고 일어서서 말한다.

"제 가족을 구해주세요. 그리고 다른 일은 모두 뜻대로 하세요."

그날 저녁 클라라는 왕자와 동행했고 그후 결혼했다. 이후 줄곧 그녀는 의붓가족을 돌보면서 행복하게 살았다.

원작 "신데렐라"의 끝 장면에서는 의붓어미와 두 의붓언니는 끔찍한 벌을 받게 되고, 백마 탄 왕자 덕분에 신데렐라만 잘 살게 된다. 그런데 〈신데렐라 언니의 고백〉에서는 신데렐라가 온 의붓가족을 감싸고 보호하며 계속 생계에도 도움을 준다. 다시 말하면 예전의 '권선징악'(勸善懲惡)에서 벗어나 '상부상조'(相扶相助)와 '상생'(相生)의 정신으로 발전된 것이다.

4

〈꽃게무덤〉(권지예, 2005년 동인문학상 수상작)에 눈을 돌려보면 이 작품에도 구두가 등장한다. 서해안 석모도를 촬영차 방문했던 남자 주인공은 석양이 질 무렵 개펄 위에서 비둘기색 여자구두 한 켤레를 본다. 불길한 예감에 주위를 살펴보니 보라색 코트를 입은 여자가 눈을 감은 채 태연하게 바닷물 속으로 빨려 들어가고 있었다.

죽음이 좌절되고 그에게 끌려 물 속에서 개펄로 나온 그 여자는 게를 엄청 좋아하는 여자였다. 그녀는 그와 함께 살다가 일년 후 떠나갔지만, 그녀의 구두는 그녀의 분신인 듯 그에게 남겨져 끈질기게 그를 애타게 한다. 어느 날 그는 해변으로 나와 처음 그녀를 발견했던 곳에 그녀의 구두 한 켤레와 옷들을 놓고 거친 물살이 그것들을 물어가는 것을 지켜보았다. 그는 그녀를 바다에 묻었다. 이젠 그녀를 잊을 수 있고 그녀의 꿈도 꾸지 않을 것 같다.

그가 그녀의 비둘기색 구두를 바닷물에 떠내려보냈다고 해서 과연 그녀를 잊을 수 있었을까? 그리고 사람들은 왜 물에 빠져 죽으려고 할 때, 꼭 신발을 얌전하게 벗어놓고 물에 들어가는 것일까? 내 아둔한 머릿속에 아직도 불가사의한 의혹으로 남아 있다.

물론 타의에 의한 예측할 수 없는 죽음일 때는 그럴 수 없을 것이다. 〈백치 아다다〉(계용묵, 1935)의 비극적인 끝 장면을 떠올려 본다. 모든 사람들에게 모진 학대를 받아오던 벙어리 아다다는 수룡이라는 노총각과 살게 되었는데 그것도 잠시 동안이었다. 푼돈을 모아 저축이 늘어가

자 수룡의 마음이 아다다를 떠나 다른 곳에 관심을 갖게
되었다. 그 원인이 돈이라고 생각한 아다다는 어느 날 넘
실대는 바닷물 위에 지폐 다발을 풀어내어 휘익 뿌려버렸
다. 뒤이어 쫓아온 수룡은 아다다의 허리를 발길로 걷어
찼다. 그리고 또 한 번 발길에 채인 아다다는 언덕길을 굴
러 바닷물 속에 잠겨버렸다. 그녀는 뜻밖에도 물에 빠져
순식간에 사라져버렸다. 그녀는 신발을 벗어 놓을 겨를도
없이 물에 빠져 죽은 것이다.

5

신발에 관한 얘기를 하자면 아직도 끝이 없다. 분홍신,
꽃신, 고무신, 장화(長靴), 우화(雨靴), 무용화(舞踊靴),
작업화(作業靴), 운동화(運動靴), 실내화(室內靴), 군화
(軍靴) 등은 물론 옛 중국의 전족화(纏足靴)까지. 하지만
작품상에 나타난 몇 가지를 예로 든 것으로 이만 끝내기
로 한다.

〈신데렐라 언니의 고백〉에서 구두는 그녀의 운명이었
다. 그녀의 인생을 바꿔 놓는 계기가 되었기 때문이다.

〈천국의 아이들〉의 신발은 그들의 가난한 삶을 나타내준다. 또한 검소하고 올바르게 사는 법을 암시해 주는 것이기도 하다. 〈꽃게무덤〉의 구두는 그녀를 대신하는 그녀의 분신이었다. 또한 그녀의 구두는 곧 그녀 자신이었다.

그러면 '맨발'은 어떠할까? 육체를 속박하는 토슈즈(*toeshoes*)를 마다하고, 맨발에 얇고 투명한 의상으로 형식에 구애받지 않고 자유롭게 춤을 추었던 모던 댄스의 선구자 이사도라 덩컨(Isadora Duncan, 미국무용가). 그리고 1960년 로마올림픽 대회에서 검은 종마(種馬)처럼 맨발로 바람처럼 달려 우승한 에티오피아의 마라토너 '맨발의 황태자' 아베베 비킬라(Abebe Bikila). 전설적인 그들의 맨발은 그 자체가 신발이었고, 그 맨발바닥에 박힌 굳은살은 그들의 방패막과 보호막 역할을 했을 것이다. 그들은 이 세상에서 가장 편한 신발, 맨발이었다.

맨발이건 신발이건, 그 편안한 발로 나만의 발자국을 남겨보자. 그 발자국은 거짓말을 할 줄 모른다. 그것은 자신의 표현이고 진실이다. 가난한 사람이 있는 곳이면 달

나라까지도 맨발로 달려가신다던 '마더 테레사'. 인류를
향한 그 위대한 발자국과 아름다운 뒷모습을 상기해 본다.

눈이 보배

내가 장애 체험을 직접 겪은 적이 두 번 있다. 한번은 왼쪽 손목이 골절(骨折)되어 깁스(*gips*)를 하고 몇 달을 견디었다. 바자회에 낼 물건을 챙기려고 의자에 올라가 장롱 위의 가방들을 내리는 중 발을 헛디뎌 넘어졌다. 이때 왼손으로 방바닥을 짚어서 다치게 됐다. 병원에서 어긋난 뼈를 맞출 때는 마취도 하지 않았기 때문에 무척 아팠다. 다행히 손목 외에는 이상이 없어서 오른손으로 글을 쓰고 책을 읽고 근무하는 데도 큰 지장은 없었다. 일에 지장이 없다 하더라도 한쪽 팔이 불편한 것이 살아가는 데 얼마나 난감한 것인지를 몸소 깨닫게 됐다. 또한 장애인을 이해하고 잘 대해 줘야겠다는 결심도 하게 되었다.

또 한번은 최근에 일어난 일이었다. 친구들이 향이 좋다고 재스민 화분을 하나 가져왔는데 이것을 베란다로 옮기는 동안 나뭇가지가 눈을 스쳤다. 그날 밤 웬일인지 나는 심하게 앓았다. 열이 나고 두통이 심했으며, 눈물, 콧물이 줄줄 흘렀다. 나뭇가지에 스친 오른쪽 눈은 모래알을 집어넣은 듯 쓰라리고 아팠다. 너무 통증이 심해 죽어 버리고 싶을 정도였다.

나는 평소에 과식하지 않고, 무리하게 일을 많이 하지도 않으며, 불쾌한 일들은 오래 마음에 담아 두지 않고, 갈등은 짧게 하고, 되도록 규칙적인 생활을 하면서 건강을 챙겨 왔다. 그리고 조금이라도 몸에 이상이 있으면 늘 마음의 소리가 울려나오곤 했다. '나는 아프면 안 돼. 아프면 절대 안 돼. 나 자신만이 보호자인데 내가 아프면 어떡해' 하면서 예방은 물론 아프면 즉시 치료에 전력투구해 왔다.

이튿날 오른쪽 눈을 감은 채로 눈 수건, 코 수건을 따로 준비하여 눈물과 콧물을 닦아내며 안과를 찾아갔다. 무척 아팠다는 말을 듣고 의사선생님이 화를 벌컥 내며 말씀하셨다.

"그렇게 아픈데 왜 참고 있었어요. 대학병원 응급실은 밤에도 열려 있는데 …."

내가 미련했나보다고 생각하고 있는데 의사선생님이 덧붙였다.

"까딱하면 실명하는 수도 있어요."

눈에 무언가 들어간 줄 알았으나 진찰 결과, 검은 눈동자 아래 부분에 상처가 난 것이었다. 증세를 좀더 지켜보다가 더 큰 병원에 갈지를 결정하기로 했다. 치료 후 오른쪽 눈에 안대를 하고 병원을 나섰다. 사실은 왼쪽 눈도 며칠 전 그렇게 무리하지 않으려는 노력에도 불구하고 혹사되었는지 모세혈관이 파열되어 붉어져 있었다.

충혈된 한쪽 눈으로 운전을 했다. 직진은 그런대로 조심해서 운전해 무리는 없었다. 하지만 집에 다 와서 주차할 때 가려진 오른쪽 눈 때문에 후진하는 데 꽤나 힘들었다. 걸어서 갈 수 있는 병원이 있는 곳에 살다온 나로서는 큰 불편을 겪는 것이다. 모두가 조용하고 한적한 생활을 동경해 이 교외로 나온 내 탓이 아닌가? 그래도 한쪽 눈만

다친 것이 다행이라고 생각했다.

병원에 다녀와서 의사가 처방해 준 진통제를 복용했는데도 몹시 아파 밤잠을 못 이뤘다. 별의별 생각이 다 떠올랐다. 노년의 사르트르처럼 한쪽 눈마저 실명하는 것이 아닐까? 장미가시에 찔려 그 후유증으로 죽은 릴케처럼 죽음에 이르는 것이 아닐까? 아쉽고 간절한 때에는 기도도 절로 나온다. '하느님, 제발 시력에는 이상이 없도록 굽어 살펴 주소서.' 그런데 이상한 것은 눈을 다쳤는데 왜 눈물, 콧물이 줄줄 흘러나오는지 알 수 없었다.

다음날 날이 밝자마자 서둘러 먼저 안과와 한 건물에 있는 내과를 먼저 찾아 감기약을 처방받은 뒤 안과를 다녀왔다. 감기약을 복용한 다음 눈물, 콧물이 멈췄고 눈의 통증도 한결 가라앉았다. 아마도 첫날 꽃나무가 눈에 스칠 때 꽃가루가 알레르기를 일으켜 감기를 함께 유발했던 것 같다. 두 가지 병을 함께 앓았으니 그 아픔도 배가 되었나보다.

치료받으러 다니던 일주일 동안은 운동을 하러 나갈 수도 없으니 평소 체중을 유지하려면 먹는 양을 줄여야 했다. 밥도, 국도, 반찬도 그리고 후식도 평소 식사하던 양의 절반으로 줄였다.

평소에 내가 그처럼 체중에 신경을 쓰는 까닭은 나 자신의 건강이나 미용을 위한 것만은 아니다. 내가 만약 쓰러지는 경우, 누군가가 달려와 나를 병원으로 옮길 때 가벼운 체중으로나마 그의 수고를 덜어주고 싶은 마음에서다.

그렇게 일주일간 식사량 조절과 투약시간을 어김없이 지키면서 그 개인병원에서 치료를 받고 이제는 거의 회복되었다. 정상적으로 눈을 뜰 수 있고, 약해졌지만 시력을 되찾은 데 대하여 감사의 기도를 올렸다.

이 일을 계기로 자신의 장애를 극복하고 위대한 작품과 업적을 남긴 인물들에게 더 큰 존경심을 보냈다. 사르트르는 어렸을 때 이미 오른쪽 눈의 시력을 잃었고 한쪽 눈으로 그 많은 작품을 완성했으며, 68세에 왼쪽 눈마저 실명상태가 되어 독서와 집필을 중단했으니 얼마나 괴로웠을까?

베토벤은 귀가 점점 들리지 않게 된 후에도 '영웅교향곡', '운명교향곡', '전원교향곡' 등의 명곡을 작곡했다. 아울러 50이 넘어 귀가 전혀 안 들리는 데다 심한 눈병에 걸려 눈을 뜨기도 힘든 상태에서 '9번 교향곡'(합창교향곡)의 작곡을 완성했다고 한다.

모든 사람이 언제, 어디서나 장애인이 될 수 있으므로 평소에 이를 극복할 수 있는 의지를 길러서 저축해 둬야 할 것 같다. 앞으로 나는 나의 이 소중한 두 눈에 아무리 열 받아도 쌍심지를 켜지 않고, 자애로운 미소를 가득 담기로 했다. 내가 만약 실명을 했다면, 이 경이로운 세상을 더 이상 관망하지 못했을 터이니 ….

아일랜드 이야기

1

아일랜드는 인구 392만 명, 국토 면적이 남한의 70%에 불과한 작은 나라다. 그런데 세계 각국에 퍼져 있는 아일랜드계 인구는 7천만 명에 달한다 하니 이민 인구가 무척이나 많다는 것을 알 수 있다. 이처럼 많은 이민자들은 오래된 그 이민의 역사에서 비롯된다고 한다. 아일랜드는 카톨릭 국가로서 12세기 이래 19세기 말까지 계속 영국의 지배를 받아 온 나라다. 1949년 '아일랜드 공화국'으로 독립했지만 영국 식민시대의 상흔이 아직도 잔존하고 있다.

얼마 전 아일랜드계 미국인 지인(知人)과 함께 대화 중 우리나라도 1910년 한일합방 이래 36년간 일제 강점 하에

있었다는 말을 주고받으며 동병상련(同病相憐)의 감정을
느낀 적이 있었다.

BC 6세기 무렵부터 아일랜드에 이주한 켈트인(선조, 토
착 아일랜드인)은 2세기 무렵에는 수많은 소왕국을 형성하
고, 3세기에는 권력은 약하지만 큰 왕조로 시작되어 한
나라로서 서서히 발전해 나갔다. 이때 특기할 만한 것은
더블린 근교의 타라* 언덕(The Hill of Tara)에서 열렸던
제전이다. 대왕 앞에 모든 자유민이 모여, 이야기와 시를
낭독하고, 스포츠를 즐기는 온 민족의 제전이었다. '타라'
라는 이름은 아일랜드 민족의 고향으로서 지금도 아일랜
드인의 마음속 깊이 새겨져 있다.

이러한 역사적, 문화적 배경에 힘입어 세계적으로 유명
한 작가들이 배출됐다. 제임스 조이스, 조나단 스위프트,
오스카 와일드, 버나드 쇼, 토머스 모어, W. B. 예이츠,
그리고 새뮤얼 베케트(1969년 노벨 문학상 수상자) 등 ….

---

* Tara: ① 아일랜드의 더블린 북서쪽 마을. 근처에 있는 타라언덕은
  고대 타라왕조의 성터. ② 마가렛 미첼이 쓴 소설 〈바람과 함께 사라
  지다〉에서 여주인공 스칼렛 오하라가 태어나서 자란 농장.

2

분명 독자들도 기억할 것이다. 소설 〈바람과 함께 사라지다〉(마가렛 미첼 여사, 1936)의 여주인공 스칼렛 오하라의 마음의 고향 '타라'(농장)를. 이것은 결코 우연의 일치가 아니다. 미첼은 소녀시절 독서를 많이 했고 미국 남부에 관한 역사뿐만 아니라 세계사에 관심이 많았다. 그래서 영국 역사가 할람이 쓴 〈미들에이지〉(중세), 링가드의 〈영국〉 등을 탐독했고 바이런, 스코트, 디킨스, 셰익스피어의 작품과 리 장군, 제퍼슨 등의 전기도 애독하였다. 타라농장의 '타라'는 아일랜드 민족의 고향 '타라'에서 따온 것이다.

〈바람과 함께 사라지다〉의 제1부 제1장은 이렇게 시작된다.

> 스칼렛 오하라는 미인은 아니었지만, 탈튼네 형제가 그랬듯이, 한번 그녀의 매력에 사로잡히면 그런 점을 깨닫는 자는 거의 없을 정도였다. 그 얼굴에는 프랑스계 코스트 귀족의 후예인 어머니의 섬세한 생김새와, 아일랜드 사람인 아버지의 붉고 투박한 선이 너무나도 두드러질 만큼 뒤섞여 있었다. …

그리고 제 5부 끝부분에서 스칼렛의 딸 '보니'가 낙마사 (落馬死) 하기 바로 직전의 모습을 지켜보며, 스칼렛은 "저 애의 눈은 아일랜드인의 푸른 눈이야. 저 애는 모든 것이 제 할아버지를 쏙 뽑았어"라고 혼잣말을 한다.

미첼은 두 번째 낙마사고로 발목 관절염을 앓아 직장을 그만두고 지팡이 신세를 지게 된 다음 집에서 칠 년간 〈바람과 함께 사라지다〉를 썼는데, 이 작품 속의 낙마사 고도 자신의 경험을 반영한 것 같다.

3

그러면 아일랜드 사람들은 왜 그렇게 구름처럼 해외로, 해외로 무리 지어 이민을 갔을까?

미국의 고고학자 브라이언 페이건은 그의 저서 〈기후는 역사를 어떻게 만들었는가〉에서 '아일랜드의 대기근'에 대하여 상세한 정보를 제공해 준다. 아일랜드에 감자가 들어온 것은 16세기 말경으로 추정된다. 아일랜드의 기후는 습도가 높은 것이 감자재배에 적합했다. 감자는 차츰 아일랜드 사람들의 주식이 되었다. 그런데 1740~1741년에는 유례없는 혹한이 몰려와 곡물, 감자, 가축 그리고 바닷새들까지 얼어죽었다. 이때 30만~40만 명이 이질, 굶주림, 티푸스로 인해 죽었다. 아일랜드인 10%에 해당되는 죽음이었다.

18세기 말엽은 감자의 황금기로서 감자는 '왕궁에서 돼지우리까지 어디서나 먹는 식품'이었다. 우유와 함께 감자는 한마디로 아일랜드인의 주식이었던 것이다. 가난한 아일랜드인들은 크리스마스 때나 다른 명절 때 한두 번 빵과 고기를 먹는 것을 제외하고는 연중 감자와 우유만으로 살았다. 그들의 건강한 혈색과 활기에 찬 모습은 모두가 감자와 우유 덕분이었다.

그러나 비정상적으로 비가 잦거나 건조한 여름, 그리고 예외적으로 추운 겨울은 어김없이 흉년을 가져왔고 아일랜드를 기근에 빠뜨렸다. 1770년 한해에 3만여 명이 아일랜드의 4개 항구를 떠나 북아메리카로 이주했다. 그들은 비좁은 섬나라의 부적절한 토지제도와 또 언제 닥칠지 모를 '기근의 유령'을 피하여 이민 길에 오른 것이다.

---

* 줄기마름병: 식물의 줄기가 균에 오염되어 말라죽는 병.

아일랜드에서 1816년은 '여름이 없었던 해'로 6만 5천 명이 기아와 질병으로 죽었다. 1845년은 여름이 춥고 해가 나지 않고 비가 잦았다. 그래서 '동고병'(胴枯病)*이 발생하여 아일랜드 전체의 감자 손실률은 약 40%까지 치솟아 즉각적으로 기근의 위협이 나타났다. 다음해에는 더욱 비참한 흉작으로 감자라는 식물이 완전히 사라질 정도였다.

1847년 지주들이 소작인들에 의해 암살되자 영국 정부는 군대를 투입했다. 기아, 열병, 죽음, 그리고 군인들…. 1848년에도 처참한 흉작이 계속되었다. 1845년부터 1848년 대기근으로 유럽 한 귀퉁이 고립된 섬 아일랜드에서 적어도 1백만이 넘는 인구가 죽었다. 동고병은 1851년 자취를 감췄으나 기근의 후유증으로 정신질환자 수가 크게 늘어났다. 지주와 부농에 대한 적개심, 영국에 대한 증오심이 깊어졌다. 그리하여 1854년의 이민은 최고조에 달했고 1860년대에는 매년 9만 명이 이민을 떠났다.

4

　1850년대 중반 그 이민 길에 청년 패트릭 케네디(당시 26세)도 끼어 있었다. 기근과 질병과 영국의 지배 하에 모국어도 빼앗긴 비참했던 아일랜드를 떠나 뱃길로 두 달 걸려 미국에 상륙했다. 배에서 죽은 사람도 무수히 많았으나 패트릭 케네디(J. F. 케네디의 증조부)는 무사히 항구에 도착하여 보스턴 동부에 정착했다. 근처 술통 만드는 일자리를 구하여 휴일도 없이 일했다. 그리고 같은 아일랜드 이민자 브리짓 머피(증조모)와 결혼하여 1858년에 아들을 낳았는데, 패트릭 조지프 케네디(J. F. 케네디의 조부)라고 이름을 지었다.

　그러나 패트릭 케네디는 그 이듬해 콜레라로 세상을 떠났다. 그 후 성장한 패트릭 조지프는 술집을 경영하게 되고, 석탄회사와 신탁은행에도 투자를 한다. 초등학교 중퇴인 그는 28세의 젊은 나이에 주의회 하원의원으로 당선되었다. 그는 그의 외아들 조지프 케네디(J. F. 케네디의 부친)를 좁은 아일랜드계 사회에서 앵글로색슨계* 사회로 진출시키려는 결심을 하고 있었다.

그래서 엄격히 교육시켰다.

'1등을 하라. 2등 이하는 패배다. 잘못을 저지르지 말라. 너의 도덕적 인격과 깨끗한 평판을 흐려 놓는 행위를 절대로 하지 마라.'

이 가훈(家訓)은 아들 조지프 케네디를 통해 손자 J. F. 케네디에게 전해져 마침내 대통령을 배출하게 된 것이다.

아버지의 간절한 소원대로 아들은 신교도가 많이 다니는 하버드대학에 입학, 졸업 후에는 매사추세츠의 은행 검사관이 되었다. 그 후 은행장이 되고 1914년에는 보스턴 시장 피츠제럴드의 장녀와 결혼하였다. 조지프 케네디는 영화산업과 주식투자로 엄청난 돈을 벌어 전설적 인물이 되었으며, 선거에서 루스벨트를 밀어 대통령으로 만들었다. 유능한 대통령을 뽑아 국가의 경제위기를 극복함으로써 가문의 안전도 지키려는 것이었다.

조지프 케네디는 원래 장남 '조'를 미래의 대통령으로

---

* Anglo-Saxon: 전체적으로 현대 영국인이나 미국 내의 영국계를 가리킴. 5~6세기 민족대이동으로 현재 영국의 본토인 그레이트브리튼섬에 이주한 부족인 앵글인과 색슨인(5세기 영국에 이주한 Tuton족)을 총칭하는 말.

기대하며 교육시켰는데, 조가 제2차 세계대전 때(1944년) '결사비행' 중 비행기가 격추돼 사망하였다. 그래서 차남인 잭(J. F. 케네디)이 사실상 장남 역할을 하게 되었다. J. F. 케네디는 1952년 상원의원 진출과 1960년 대통령선거에서 순조롭게 승리를 거두었다. 그리고 그는 미국 역사상 최연소, 아일랜드 이민자 후손으로, 그리고 가톨릭 신자로서 최초인 대통령으로 취임했던 것이다.

5

이것은 모두가 아일랜드계의 끈끈한 응집력 덕분이었다. 남자들은 평소에 스포츠나 공부에서 '이기는 버릇'을 들여 자신감을 키웠고 식사시간에 온 가족이 모여 정치적, 국제적 화제를 올려 토론하는 습관을 길렀다. 남자들은 어른이 되면 국가와 인류를 위해 이바지해야 한다는 인식을 강하게 갖고 있었다. 여자들은 나름대로 가정에서 검소하고 예의 바르며 청결하고 돈을 소중히 여기는 경제교육을 시켰다. 파티에서도 술 대신 우유를 마시도록 권했다. 형제자매 등 가족은 물론 이웃의 고향사람들과도

‘티파티’를 자주 갖고 친밀하게 대화하면서 서로 똘똘 뭉쳤다. 이러한 응집력이 미국 역사상 ‘최초’라는 전설(최초의 아일랜드계, 가톨릭계, 최연소자 대통령)을 일궈낸 절대 승리를 가져온 것이었다.

후일 케네디가의 죽음에 대해 끝없는 저주니 불행이니 하는 추측이 난무했다. 케네디가의 여러 죽음을 분석해 보면 저주, 운명, 우연보다도 아일랜드계를 견제하려는 보이지 않는 다른 계통의 세력이 있지 않았나 추측된다.

어쨌든 케네디가의 뿌리도 아일랜드였고 스칼렛 오하라도 마찬가지였다. 똑같이 그들 마음의 고향은 역시 ‘타라’였다. 어떤 역경 속에서도 절망하거나 굴복하지 않고 오뚝이처럼 다시 일어나, 아일랜드인 이기에 받았던 차별대우나 열등감 속에서도 그들은 그들의 고향 타라를 떠올리며 자신감과 활기를 되찾곤 했다. 타라는 정녕 그들의 힘과 생명의 원천이었던 것이다.

세상에서 가장 향기로운 것

1

내가 처음으로 미국을 방문했을 때, 가장 고통스러웠던 것은 이상한 냄새 때문에 코로 숨을 쉬지 않고 입으로 숨을 쉬었던 일이다. 그 냄새는 가는 곳마다 똑같은 '버터 곰팡이' 냄새였다. 그뿐 아니라 서양 사람들의 화장하는 순서 마지막 단계에서 예외 없이 뿌려지던 향수(香水) 냄새조차 두통과 현기증 그리고 구토를 일으킬 정도였다. 특히 흑인들의 향수나 체취(體臭)는 더 강렬하여 연막탄이나 최루탄 가스를 들이킨 듯 숨이 막혔다.

그러나 '인간은 환경의 지배를 받는 동물'이란 말이 있지 않은가? 한 달이 지난 후에는 어느 정도 적응을 하게 되어 정상적인 숨쉬기를 할 수 있었다. 그때서야 알게 된 것은 그들 사회에서는 아주 특별한 날이 아닌데도 향수를 주고받는 일이 다반사라는 사실이었다.

나는 평소에 향수를 좋아하지도 않았고 별로 사용하지도 않았다. 예전에는 간혹 어떤 여자가 지나갈 때 짙은 향수냄새가 나면 남자들에겐 관능적일지 몰라도 보통여자들에게는 '대낮부터 누굴 유혹하려는 이상한 여자'로 여겨졌다. 그러나 이제는 이상하게 생각하는 여자들이 오히려 이상하고 세련되지 못한 여자가 되고 말았다. 언제부터인가 나의 방 코너장 안에도 몇십 개의 크고 작은 향수병들이 나의 손길을 기다리고 있다.

2

향수는 향료를 알코올 등에 풀어 넣어 만든 일종의 액체 화장품이다. 향수는 오랫동안 문명국들의 전유물이었다. 역사도 엄청 깊어서 BC 3천 년경 이집트, 그리스 등에서 몰약*(沒藥), 유황 등을 신성한 물건이라 규정해 종교의식에 사용해 왔다. 또한 몰약과 계피를 시체의 방부 처리를 위해 사용하였고, 장례식뿐만 아니라 축하연도 향수 없이는 진행되지 못할 정도였다. 향수를 뿌리는 습관은 5세기 무렵부터 일반화되었고 18세기 중엽 프랑스의 오 드 콜롱은 상쾌감, 청량감이 뛰어나서 지금까지 애용되고 있다. 1922년 실험실에서 만들어낸 최초의 인공향수는 '샤넬 No. 5'였다. 이 향수는 줄곧 관능적 여성미의 고전이 되었다. 어떤 기자가 여배우 마릴린 먼로에게 밤에 무엇을 입고 자느냐고 묻자 '샤넬 No. 5'라고 답했다는 일화도 있다.

이처럼 멋있고 세련된 여성, 남성들이 즐겨 쓰는 향수가 몸단장의 보조 수단뿐만 아니라 약효가 있다는 사실을 최근에야 알게 되었다. 향수에 들어있는 향료는 살균·해독·해열·진정·강심·강장 등의 효능을 보인다고 한다. 밤에 잠을 못 이룰 때는 라벤더, 장미, 오렌지 향이 도움이 되는데 목욕 후에 사용하면 더욱 효과가 있다. 초기 감기에는 라벤더, 페퍼민트, 로즈마리 등의 향이 바이러스

---

* 감람과 식물 등의 나무 껍질에서 추출한 천연수지로 구중(口中) 향료, 방향제, 방부제 등으로 사용됨.

에 대한 저항작용을 돕는다. 기억력을 높여주는 향은 로즈마리, 바질 등으로 정신을 맑게 해주고 두뇌작용을 상승시켜 준다고 한다.

3

미국의 다이앤 애커먼 박사는 그의 저서 〈감각의 박물학〉 중 '후각'부분에서 '냄새'에 관해 이렇게 표현하고 있다.

음식 맛의 대부분은 냄새에 의존한다. 그래서 포도주란 대단히 향기로운 무미(無味)의 액체다. 코감기에 걸렸을 때, 포도주를 마시면 물맛과 다를 바 없다. 맛이 느껴지려면 액체로 용해되어야 하고, 냄새를 맡을 수 있으려면 기화되어야 한다. 우리가 '맛'이라고 부르는 모든 것이 사실은 '냄새'임을 의미한다. … 헬렌 켈러는 사람의 냄새만으로 직업을 알아낼 수 있었다고 한다. 사람마다 다른 냄새를 지니고 있기 때문이다.

나는 평소에 장미의 향에는 감탄해 왔으나 그 날카로운 가시 때문에 경원(敬遠) 해왔다. 애커먼 박사는 '장미'에 관하여 장황하게 찬사하고 있는데 그 일부를 소개한다.

천상의 향기로 나의 감각을 적시는 장미는 신성불가침이다. 세계에서 제일 비싼 고전적인 명품의 반열에 드는 향수는 '조이'다. 이것은 두 가지 꽃향기, 재스민과 여러 종류의 장미를 혼합한 향수다. 장미는 예로부터 가장 사람을 유혹하고 중독 시킨다. 그 향기는 석상(石像)조차 취하게 한다. … 클레오파트라가 안토니우스를 만났던 침실 바닥에는 장미 꽃잎이 50센티미터쯤 깔려 있었다.
… 로마인들은 꽃에 대한 열정을 공식화하기 위해 로사리아라는 휴일을 만들어 냈다. 로사리오(묵주)는 원래 마른 장미 꽃잎 165장을 잘 말아서 만든다. 장미는 성녀 마리아의 상징이었다. 이슬람 문화에서는 장미를 보다 정신적인 상징으로 보았다. 그래서 장미 향기는 신비롭고 경건한 것으로 찬양했다. 그래서 장미를 향수로 쓸 뿐 아니라 이슬람 요리 재료로도 사용하였다. 지금도 이슬람 가정에서는 손님이 오면 제일 먼저 장미 향수를 뿌려 환대한다.

독일의 은둔 작가 파트리크 쥐스킨트는 그의 소설 〈향수〉(香水)에서 끔찍스런 이야기를 전개한다. 비천하게 태어나 쓰레기 더미에 버려진 주인공 그르누이는 '동냥 젖'

으로 자라게 되는데, 사람이면 누구나 지녀야 할 냄새가 없다는 이유로 모두들 그를 경계했다. 그는 자기 냄새가 없으면서도 온갖 냄새에 민감하고 비상한 반응을 보였다. 여러 직업을 전전하다가 파리의 향수 제조공장에서 일하게 된다. 거기서 그는 자기 인생의 목표가 '최고의 향수를 만드는 일'임을 깨닫는다. 지상 최고의 향수, 인간의 냄새를 만들어 내기 위해 스물다섯 번의 살인을 저지르고 체포된다. 그의 처형이 있는 날 광장에 모인 사람들은 황홀경에 빠진다. 그르누이가 스물다섯 명의 여자에게서 채취한 향기로 만든 향수를 바르고 나타났기 때문이다. 형장에서의 죽음은 면했지만 그의 몸에 뿌려진 환상적인 향수 때문에 그는 결국 부랑자들에게 먹히고 만다.

장 그르니에의 산문 〈일상적인 삶〉 가운데 "향수"라는 글에는 이런 구절이 있다.

　냄새와 향수 사이에는 경계가 있다. 냄새는 의도적이지 않지만 향수는 의도적이다. 냄새는 적응하기와 방향 짚기에 도움이 되는 어떤 반응을 불러일으킨다. 향수는 그와는 다른 종류의, 훨씬 의도적이고 개인적인 매력을 낳는다. 그렇지만 자연이라고 부르는 것과 예술(인위)이라는 것 사이에 뚜렷한 구분이 있는 것은 아니다.

4

"냄새는 자연적인 것이고, 향수는 인위적(의도적)인 것이다. 향수는 개인적인 매력을 낳는다." 그렇다. 그러므로 향수의 종류도 4천여 종에 달하며, 그 취향도 개인의 숫자만큼 다양하다. 또한 개인이 고집스럽게 선택한 향수는 특정하고 고유한 그 자신을 대변해 주는 그 무엇인 것이다.

나는 인위적인 향수의 향기보다도 자연적인 향기(냄새)를 더 좋아한다. 향도 없고 말도 없이 피었다 지는 꽃보다도 '향기로 말을 거는 꽃들'을 좋아한다. 은은한 라일락 향내, 달콤한 아카시아 향기, 한라봉과 치자에서 나는 고전적이고 그윽한 냄새, 시클라멘과 프리지아의 가냘프고 조신한 향내….

재스민 차(茶)의 깊고 청량한 향기, 고산 청정지역에서 따온 열매 차의 환상적인 빛과 향내, 군밤 장수의 수레에서 나는 노릇노릇 밤 굽는 구수한 냄새, 녹두전의 담백하고 비릿한 녹두 향기, 더덕이나 인삼에서 풍기는 기운 찬 향내 ….

그리고 이 세상에서 가장 향기로운 것은 '밥 짓는 냄새'다. 잡곡밥 짓는 냄새는 더욱 향기롭다. 그것은 고향의 '내음새'다. 가마솥에서 끓이든, 압력솥에서 끓이든 향기는 똑같다. 그 밥 짓는 냄새는 달고 구수하고 비릿하고 '자연복합 향내'다. 그것은 모든 것을 포용하는 어머니의 '내음새'다. 그러므로 매일 크게 숨쉬며 맡아도 질리지 않는다. 밥 짓는 동안 '냄새의 예술'이 매일매일 폴폴 뿜어 나와서 인간들을 구출한다. 굶주린 배는 물론, 판박이 나날에서 오는 주기적인 권태와 우울증도 치료된다.

배고픔에 대한 사색 (思索)

1

인간의 내면에서 위해 솟구쳐 오는 의욕의 원천은 무엇일까? 한마디로 그것은 인간의 배고픔이라는 절박한 상황에서 비롯된다. 그리고 그 배고픔을 탈출하려는 헝그리 정신을 탄생시킨다.

'헝그리 정신'(*hungry spirit*) 이라는 말은 공식적이고 사전적으로 규정돼 있는 것은 아니다. 다만 사회적으로나 일반적으로 수긍하는 내용은 '끼니를 잇지 못할 만큼 어려운 상황에서도 꿋꿋한 의지로 역경을 헤쳐 나가는 정신' 또는 '환경이 열악한 데도 열심히 노력하여 하고자 하는 일에 성공하는 것'이라는 얘기다. 순수한 우리말로 표현하자면 '맨주먹 정신'이 좋다는 게 전문가들의 말이다.

'헝그리 정신' 하면 생각나는 운동선수가 있다. 1986년 서울 아시안게임에서 3관왕의 영예를 한 아름 안았던 임춘애(당시 여고 2년생) 선수는 집안이 가난하여 끼니를 라면으로 때우다시피 했는데 "우유를 마시며 뛰는 선수들이 부러웠다"고 소감을 말하여 온 국민의 심금을 울린 적이 있다.

2

훌륭한 사람들 중에 소년소녀 시절을 가난하고 불우하게 보낸 분들이 무수히 많다. 그 중에서 마리(아) 스클로도프스카(노벨상을 두 번이나 수상한 퀴리 부인의 결혼 전 이름)의 학창 시절은 '헝그리 정신'의 전형적인 모델로 알려져 있다.

폴란드 소녀 마리는 '꿈에 그리던 소르본대학'에 입학했다. 그녀는 가장 값이 싼 주택가 구석진 곳 7층 다락방을 빌리게 되었다. 이곳은 난방은 물론 전기나 수도조차 제대로 갖춰지지 않았다. 교통비를 아끼려고 그곳에서 학교까지 아무리 궂은 날씨에도 걸어 다녔다. 가난한 폴란드 처녀는 도서관에서 문이 닫히는 밤 10시까지 열심히 공부했고, 집에 돌아와 새벽 3시까지 또 책에 파묻혔다. 잠자는 시간은 하루에 서너 시간에 불과했고 먹는 것은 무 한 쪽과 앵두 몇 개 뿐이라 피로와 영양실조로 급기야 정신을 잃고 쓰러졌다. 다행히 의사인 그녀 형부의 세심한 치료 덕분에 건강을 되찾았다. 그녀는 음악회나 미팅에 관심이 없었고 오직 수학과 물리학을 연인 삼아 공부에만 전념했다.

가난한 외국인 유학생 마리에게 큰 행운은 '알렉산드로비치 장학금'이었다. 그것은 정말 신의 큰 은총이었다. 그녀는 장학금으로 받은 돈 6백 루블을 아끼고 또 아껴 썼다. 그리고 수년 뒤 그 재단에 자신이 받았던 장학금을 전부 반환하였다. 그렇게 단기간에 상환한 기록은 전례가 없었다고 한다. 자기보다 더 가난한 학생을 돕고 싶은 배려 때문이었다.

어느 겨울의 길고 혹독하게 추운 밤 7층 다락방에서 마리는 잠을 이룰 수가 없었다. 트렁크 안의 옷을 꺼내 몇 겹씩 껴입고, 이불 위에 의자를 올려놓았다. 그리고선 그

무게로 따뜻함을 느끼며 잠을 청했다. 방 한구석에서는 물병의 물이 서서히 두터운 얼음으로 얼어가고 있었다.

이렇듯 마리의 불굴의 의지와 완벽에 대한 광적 집착, 믿기 어려운 끈기로 어려움을 버텨나갔다. 소르본에서 보낸 4년은 그녀가 순수한 진리탐구에 가장 완전했던 시절이며, 일생에서 가장 가난했던 시절이기도 했다. 그녀가 소르본대학을 수석으로 졸업한 것은 배고픔과 눈물로부터 끊임없는 노력과 의지로 빚어낸 필연이었던 것이다.

영국의 소설가 찰스 디킨스는 부친이 투옥되어 아홉 살의 어린 나이에 구두약공장에 취직했다. 견습공으로 굴욕적인 체험과 빈곤의 고통을 겪으면서 소년시절을 보냈고 후에 신문기자가 되었다. 24세에 드디어 작가로 데뷔하여 〈올리버 트위스트〉(1838), 〈크리스마스 캐롤〉(1843) 등의 작품을 발표했다. 그의 소설에 영향을 받아 연소자 학대·혹사와 재판의 비능률 등이 개선되기도 했다. 자전적 작품인 〈데이비드 코퍼필드〉(1850)는 디킨스의 어린 시절이 그대로 반영되어 있다. 그는 이 작품 속에서 삶의 비애와 어두운 면을 유머와 인간미로 감싸 안고, 가난하고 불우한 소년시절을 보상받듯 종장은 '해피엔딩'(*happy ending*)으로 평화롭고 행복한 결말을 지었다.

일본 작가 구리 료헤이의 소설 〈우동 한 그릇〉에서는 가난한 어머니와 두 아들, 세 사람이 우동 한 그릇만을 시켜 정답게 나눠 먹는다. 섣달그믐날 대부분의 사람들은 먹고 마시며 흥청대는 날이다. 세 모자는 2년을 연거푸 우동 한 그릇을 시켰고, 3년째 되는 해에는 형편이 나아져서 2인분을 시켜 셋이 나눠 먹는다. 그리고 몇 년 후 두 아들이 성장하여 같은 섣달그믐날 우동집 '북해정'에 들러서 지금까지 인생 가운데 최고의 사치스러운 계획, 즉 3인분의 우동을 셋이 먹는 것을 이루고야 만다.

이 소설의 등장인물들은 모두가 인간미가 있고 존경스럽다. 아버지가 빚을 남기고 세상을 떠났다. 어머니는 묵묵히 그것을 갚아 나갔고 형은 신문배달로, 동생은 장보기와 식사준비로 어머니를 도왔다. 그들이 섣달그믐날 우동집으로 들어선 시간은 가게가 문 닫을 밤 10시경이었으며 셋이서 우동 1인분만 시켰는데도 주인 부부는 그들을 상냥하게 대해 주었다. 뿐만 아니라 매번 우동 1인분에다

1 내지 2인분을 더 얹어서 끓여다 주었다. 그 아들들은 그러한 우동집 주인의 숨은 따뜻한 마음에 용기를 얻어 더 열심히 살았으며, 형은 어엿한 의사가 되었고, 동생은 자기도 장차 '일본 제일의 우동집 주인'이 되겠다고 결심하였다.

나는 이 짧은 작품을 읽고 눈물을 펑펑 쏟았다. 초등학교 때 〈레 미제라블〉을 읽고 눈물 흘린 것보다 더 많이 …. 내가 눈물 흘린 까닭은 두 가지 연유에서다. 감격스러웠던 것은 물론, 그동안 내가 너무 많이 먹어 온 데 대한 반성과 집에서나 학교에서 절약하는 교육을 왜 좀더 철저히 시키지 못했는가에 대한 회한에서다.

벨기에의 여류작가 아멜리 노통브는 그녀의 저서 〈배고픔의 자서전〉에서 이렇게 고백하고 있다.

나는 유복한 가정에서 성장했다. 우리 집에는 부족한 것이 없었다. 바로 이 때문에 내가 나의 배고픔에서 남과 다른 점을 보게 된다. 내 배고픔은 사회적으로 설명하기 불가능하다. 내 배고픔을 가장 광범위한 의미로 이해할 필요가 있다. 음식에 대한 배고픔은 단순하다. 광범위한 나의 배고픔은 존재의 끔찍한 결핍, 옥죄는 공허감이라고 생각한다. 그저 단순한 현실, 아무 것도 없는데 뭔가 있었으면 하고 간절히 소망하는 그런 현실에 대한 갈망이라고 말하고 싶다.

보통 사람들의 원초적 본능인 음식에 대한 배고픔에 반하여, 그녀의 배고픔은 정신적 빈곤이다. 그러므로 끝없이 삶의 가치에 대해 갈망하고 추구하여 채우려는 욕망이며, 그 배고픔은 곧 그녀 자신인 것이다.

문학 평론가 조연현은 "빈궁(貧窮)의 사상"에서 이렇게 말하고 있다.

공허는 정신이나 심리에 대해 쓰여지는 말이고, 빈궁은 경제나 물질에 대해 쓰여지는 말이다. … 경제적 기반이 문화적 기반이 된다는 것은 상식이다. 당장 굶어 죽게 된 사람들에게 있어 예술이니 문화니 하는 것은 절실한 것이 될 수 없다. 그러나 경제적 부강이 그대로 문화적 권위가 될 수 있는 것은 아니다. 문제는 그것이 정신적인 공허든, 경제적 빈궁이든 공허와 빈궁은 인간의 불행을 말하는 두 개의 커다란 대명사라는 데 있다. … 미국은 경제적 부강 속에 있으나 정신적 공허를 대표하는 나라가 아닌가? 공허와 빈궁 두 가지 불행을 다 갖는다면 도대체 어찌될 것인가?

3

정신적 공허와 경제적 빈궁, 두 가지 불행을 다 갖고 있다 해도 인간들은 그런대로 덤덤히 살아간다. 그것이 그들의 운명이라고 체념하면서 살아가는 아프가니스탄이나 소말리아의 난민들처럼. 그리고 이 세상 누구든지 '눈물에 젖은 밥'을 먹어 본 적이 있는 사람은, 역설적으로 더 절실하게 더 성실하게 삶을 구가(謳歌) 하게 된다. 궁핍(窮乏)으로부터의 탈출을 위하여. 그러므로 배고픔은 모든 의욕의 원천이 되는 것이다.

아멜리 노통브처럼 유복한 가정에서 태어나 부족한 것이 없이 성장했어도 그녀는 정신적 배고픔 때문에 아직도 삶의 가치를 추구하려는 욕망에 열중하고 있다. 그러나 대부분 사람들은 육신의 배고픔을 채우기 위해 열심히 일한다. 그들 가족의 생계까지 책임져야 하므로 더욱 그렇다.

그런데 요즘 나 같은 비전문가의 눈으로 언뜻 봐도 배 안 나온 사람보다 배 나온 사람이 더 많다. 운동량보다도 먹는 양이 더 많은 것이 탈이다. 비싼 비용을 들여 많이 먹고, 몸이 비만하여 또 다시 비싼 비용을 들여 다이어트

하는 사람들이 부지기수니 얼마나 비경제적 현상인가?

어느 작가분이 '음식 반 그릇 팔기'를 제안한 적이 있는데 나도 동감이다. 식사하는 양이 적은 사람이나 어린이는 음식을 한 그릇 시켰다가 남기는 일이 허다하다. 우동이나 자장면 한 그릇, 그리고 곱빼기를 팔면, 우동이나 자장면 '반 그릇'도 팔아야 마땅하다. 아까운 음식을 낭비하는 것은 죄악이다. 지구촌에서 기아에 허덕이는 난민들을 생각하면 더욱 그렇다.

구리 료헤이의 〈우동 한 그릇〉, 그 짧은 글은 우리들에게 검소와 절약은 물론 정신적 공허와 경제적 빈궁 속에 굶주린 우리의 머리와 배를 감동의 눈물로 가득 채워준다.

요즘 너 나 없이 비대해진 사람들의 허리둘레를 감소시키면 건강도, 경제도 되살아나지 않을까 생각해 본다. 나는 아직 안락의자에 앉지 않는다. 오히려 허리띠와 신발끈을 졸라매 본다. 더 잘 뛰기 위해서.

안개 속의 초인(超人)

1

　이루 헤아릴 수 없이 많은 니체의 추종자(追從者)들은 한결같이 그의 영겁회귀(永劫回歸)와 초인(超人)을 인용한다. 나의 아둔한 머리로 어찌 감히 니체의 신비롭고 경탄스러우며 난해한 글이나 사상들을 이해할 수 있겠는가? 사전에 알기 쉽게 요약된 설명을 찾아보니 영겁회귀란 '우주는 영원히 계속되는 원환(圓環) 운동이며, 인생의 환희와 고뇌도 영원히 반복하여 멎지 않으므로 내세(來世)도 피안(彼岸)도 없고 단지 현세의 순간순간의 충실이 있을 뿐이라는 니체의 설(說)'이다. 초인이란 '기성의 도덕에

사는 속인(俗人)을 초월하여 권력의지에 의해 자발적으로
가치가 높은 인격을 지니게 된 자기 목적자(目的者), 즉
완전한 이상적인 인간의 전형이며 니체철학의 근본개념의
하나'라고 쓰여 있다.

2

이제 문학작품 속에 굽이굽이 감돌고 있는 니체의 오솔
길로 함께 산책(散策)을 떠나 보도록 하자.

앙드레 지드의 〈지상(地上)의 양식(糧食)〉 서문에 "나의
책을 던져버려라. 그리고 나를 떠나라"고 한 말이나, 그의
글 곳곳에 "얽매임이 없는 상태의 예찬과 헐벗음의 옹호와
충실성"은 니체의 영향과 면모를 엿볼 수 있는 것들이다.

헤르만 헤세는 〈데미안〉에서 싱클레어를 통하여 이렇
게 말한다.

몇 주일 동안 나는 독서를 했는데 이제까지 읽은 어느 책보
다도 깊은 감명을 받았다. 유일하게 니체를 제외하고는 그

이후에도 그처럼 감명 깊게 느껴 본 적이 없었다.

또한 헤세의 서정시적(抒情詩的)인 소설 〈향수〉(鄕愁)
에도 자연에 대한 동경, 정신의 강조, 가치의 무가치화
등 니체의 숨결이 곳곳에서 느껴진다.

장 그르니에의 〈섬〉(산문집)에 전개되는 여러 개의 섬
들 중에서 '행운의 섬'은 니체의 〈짜라투스트라는 이렇게
말했다〉의 제 2부에 나오는 '행복의 섬'을 느끼게 해준다.
또 직접 '보로메의 섬들' 첫머리에 "가장 먼 곳에 대한
사랑을 …" ─ 짜라투스트라 ─ 라고 시작하고 있다. 결국
그는 먼 여행과 방황으로부터, 그를 반겨주는 태양, 바
다, 꽃들, 나무들, 눈길이 있는, 이토록 잔인하게도 가까
운 보로메의 섬으로 돌아오는 끝맺음을 하고 있다.

밀란 쿤데라는 〈참을 수 없는 존재의 가벼움〉의 첫 장
을 이렇게 시작한다.

영원한 재귀는 아주 신비스런 사상이다. 니체는 이 사상으
로 많은 철학자들을 어리둥절하게 만들었다. 모든 것이 그

언젠가는 이미 앞서 체험했던 그대로 반복된다는 것이다.
… 니체는 영원한 재귀의 생각을 '가장 무거운 무게'라고 일
컬었다. 그렇다면 우리들의 삶은 이 배경 앞에서 아주 가벼
운 것으로 찬란하게 나타날 수 있다.

주인공 토마스는 촉망받던 외과의사에서 창문 청소부의
직업을 스스로 택했다. 맨 끝장에서 그는 테레사에게 말
한다.

"천직이란 어처구니없는 말이오. 내겐 천직이 없소. 누구
에게도 천직이란 없는 것이오. 자유롭고, 천직이 없다는
것을 확인하는 것은 사람의 마음을 굉장히 가볍게 해주는
것이오."

그리고 그 주인공들의 묘비에는 "지상에서 천국을 원했
다"와 "긴 여로 끝에 되돌아가다" 라고 새겨졌다.

3

이와 같이 오랜 방황으로부터 따뜻하게 반겨주는 보로
메의 섬으로 돌아오는 장 그르니에의 귀결(歸結)이나 하

잘 것 없는, 그러나 매어있지 않은 직업을 갖고 작은 토끼 같은 여자와 이 지상에 함께 있음으로 참을 수 없는 존재의 기쁨과 행복을 체험하는 밀란 쿤데라의 귀결은 모두가 니체의 영구회귀(永久回歸) 사상에 촉촉하게 젖은 것이라고 본다. "영구회귀 — 인생을 긍정(肯定)하는 최고의 개념으로 모든 사물은 영구히 회귀하여 눈앞에 보이는 그대로 절대의 가치를 지니고 있으므로 인생은 현실 그대로를 사랑해야 한다"는 것을 실감나게 하는 작품들이다.

4

니체 최후의 고백서(告白書)이며 사망하기 전 그의 내면 여로(旅路)인 〈나의 누이와 나〉는 오랫동안 나의 책꽂이에서 침묵 속에 나를 응시하고 있었다. 이제야 펼쳐보니 영역자(英譯者)는 오스카 레비, 우리말 역자는 이덕희(李德姬) 씨로 되어 있다.

이 책은 니체 사후 80년 만에 우리나라에 소개된 것인데 드물게도 영역자와 우리말 역자의 서문이 각각 11~12쪽에 달하는 긴 것이었다. 특히 우리말 역자인 그녀가 깨

알만 한 작은 글씨로 빽빽하게 쓴 긴 서문에서 얼마나 니체를 열렬히 흠모하여 왔는가를 충분히 읽을 수 있었다.

'루터 이래 독일 말의 최대의 천재가 이룩한 가장 위대한 작품'에 손을 댔다고 해서 틀림없이 니체는 분격할 테지만 그러나 자기에 대한 나의 사랑에 의해 그는 나를 용서해 주리라 믿는다. … 저녁부터 다음 날 아침까지, 모차르트를 들으면서 우리말로 옮기는 동안 니체의 온갖 고통, 비탄, 절규를 함께 맛보았다. 참으로 나는 내 영혼으로써 이 작업을 완수했다고 고백하지 않을 수 없다.

〈나의 누이와 나〉 제 9장에서 니체는 "내 사후(死後) 50년 뒤 나는 하나의 신화(神話)가 되리라. 내 별은 서구가 암흑 속에 가려질 때 창공에서 반짝이리라. 그리하여 내가 베푸는 빛에 의해서 나의 권력의 철학은 권력으로서가 아니라 '섭리'로서 재검토 될 것이다"라고 예언(豫言) 하였다. 그의 투명(透明) 한 미래관을 누가 부인(否認) 할 수 있을까.

5

　고독(孤獨)한 니체, 독신자(獨身者) 니체, 예외자(例外者)로서의 니체. 도취적(陶醉的) 니힐리스트. 철인(哲人)과 시인(詩人)이 동거(同居)하고 있는 그. 날카로운 잠언(箴言)을 통해 인간의 허(虛)를 찌르는 그. 깊이의 심리학자…. 그에게 어떠한 수식어를 달아도 흡족하지 않다. 헤아릴 수 없이 많은 작품들의 후원(後園)에서 '니체의 미소'는 영원히 사라지지 않으리라.

　다만 나의 내면으로부터 일어나는 누를 길 없는 한 가닥의 의혹…. 그것은 헐벗은 그의 최후의 고백서 때문일까?

　요즘에 나온 EQ라는 개념이 떠오른다. 종전의 IQ는 비네의 지능지수(*Intelligence Quotient*)를 가리키며 지적발달을 측정하는 것으로 엄밀히 말하자면 이성(理性, *reason*) 지능지수라고 말할 수 있다. 반면 최근의 EQ는 '감성도 지능'이라는 가설과 함께 인간의 정의적 측면을 알아보는 것이다. EQ는 아직 사전에 기록되어 있지 않으나 일반적으로 'Emotional Intelligence Quotient'로 사용되고 있다. 니체는 천재로 알려져 있으니 소위 IQ는 최고일 것이며,

문학으로서의 삶에서 그의 감수성과 창의성을 보아 EQ도 가히 최상일 것으로 사료된다.

그러면 범인(凡人)의 자로 잰 그의 MQ(*Moral Intelligence Quotient*, 도덕지능지수)는 어떠했을까? 이것이 나의 아둔한 머리로는 가늠할 수 없는 수수께끼다.

그의 향연(饗宴)에 초대받아 리하르트 시트라우스의 교향시(交響詩) '짜라투스트라는 이렇게 말했다'를 들으면서 그에 대한 연민(憐憫)의 정(情)을 금치 못한다.

삶의 형태

1

장 폴 사르트르(프랑스 작가·철학자)는 세상을 두 번 떠들썩하게 했다. 한번은 그가 클래스 메이트인 시몬느 드 보부아르(작가·여성운동가)와 기성 도덕관념에 구애받지 않는 자유롭고 친밀한 관계를 맺는 '계약결혼'을 발표했을 때였다. 계약결혼은 일종의 협의를 이룬 상태, 즉 구두나 서류상으로 규약을 맺은 관계다. 혼인신고를 하지 않은 상태이므로 법률상으로는 부부로 인정하지 않는다. 그러므로 계약결혼은 일종의 구두로 약속한 동거인 셈이다.

사르트르와 보부아르는 실제로 결혼생활을 하면서 다른

사람과의 사랑도 서로가 인정한다고 약속을 하였다. 그런 경우 서로 알고 있으면서도 아무런 간섭을 하지 않았다. 사르트르는 이미 어렸을 때 오른쪽 눈이 거의 실명상태였고, 1973년 이후 왼쪽 눈까지 실명상태가 되어 독서나 집필을 중단하기에 이르렀다. 보부아르가 자기 일을 하면서 사르트르가 죽을 때까지 곁에서 그를 헌신적으로 도와주었다.

사르트르가 또 한 번 매스컴과 세상을 떠들썩하게 한 기억은 노벨상 수상을 거부한 것이었다. 1964년 자전적 에세이 〈말〉로 노벨 문학상 수상자로 지명받았으나 '권위'나 '카테고리'에 구속되기 싫다는 이유로 수상을 거부한 것이다. 모두 개별적인 인간존재의 자유를 역설하는 그다운 발상이 아닐까?

2

자기 자신의 의지대로 주변 환경에 구애됨이 없이 자유롭게 삶을 살아온 사람들은 그 과정에서 얼마나 큰 아픔을 겪어 왔는가 한번 살펴보기로 한다.

알로이스 프린츠가 쓴 전기(傳記) 〈헤르만 헤세〉를 읽어보면 헤세가 자기 자신에 충실한 삶을 살기 위해 얼마나 큰 고통을 감수했는가를 알 수 있다. 그는 정신병원에 두 번 입원한 경력이 있다. 그는 12세 때 시인이 되겠다고 결심했는데 부모님과 선생님은 그를 신부나 학자로 키울 계획과 희망을 가지고 있었다. 15세가 되었을 때 그는 수도원학교에서 도망쳐 자살을 기도했고, 그로써 정신병원에 감금되기도 했다. 이처럼 첫 번째 입원은 타의에 의한 것이었다. 청소년기의 그는 구제불능이었고 실패자였으며 '부모님의 치욕'이 되어버렸다.

또 한번은 헤세가 서른여덟 살 때인데, 그는 일과 가족을 팽개치고 자주 가출하여 도주하는 이상한 행동을 하였다. 근원은 자신이 정말 싫어하는 삶을 살게 될지 모른다는 예감과 강박관념에 사로잡혔기 때문이었다. 루체른 병원에 자기 발로 찾아가 정신과 의사의 치료를 몇 주간 받았다. 그 후 그는 자신의 생기를 앗아갔던 도덕적 굴레에서 벗어나 서서히 자유로워졌다. 그의 내면에 꿈틀거리는 소망과 욕구를 다시금 확인하고 신뢰하기 시작했다. 퇴원 후 그는 한마디로 변신해 있었다. 모차르트의 음악을 듣거나 시를 쓰는 것이 전쟁보다 훨씬 가치 있는 일이라고 생각했다. 그래서 그는 갈등에서 벗어나 용기를 갖고 자기 내면의 법칙과 의미를 따라 독자적으로 살기를 결심했다. 그 이후 그는 자신의 고집대로 문학적인 작업을 위하여 생을 바쳤다. 그는 그의 마음에서 우러나오는 대로 바로 그렇게 살려고 애쓴 사람이다.

〈연금술사〉로 현재 세계적 명성을 얻고 있는 브라질 작가 파울로 코엘료의 삶도 돌이켜 보면 평탄치 않았다. 그의 부모는 아들이 엔지니어가 되기를 바랐고, 아들이 '문학의 길'을 가고 싶어하는 것을 이해 못했다. 그가 정신이상자라고 생각한 부모는 17세인 그를 정신병원에 보냈다. 그는 세 차례나 정신병원에 들락거렸고, 히피문화에 심취했다. 1970년대에는 군사독재 정권을 비판하는 만화를 그려 비밀경찰에 끌려가 고문을 당했다. 1979년 크리스티나 위티시카를 만나 결혼 후 순례여행을 다녀오고 〈연금술사〉(1988)를 써서 발표했다. 최근 그는 〈11분〉(2003년 세계 최고 베스트셀러)을 발표하여 세계적으로 '코엘료 신드롬'현상을 일으키고 있다. 결국 그는 어떻게 인생에 직면

할 것인가를 배우면서, 그가 원하던 문학의 길을 유감없이 걸어가고 있는 것이다.

정신병 이야기가 나온 김에 더 살펴보면 그밖에 니체도 있고 화가 이중섭도 있다. 그들은 정신질환에 시달리면서도 자기 삶에 충실하며 위대한 작품을 남겼다.

3

삶의 형태는 사람의 숫자만큼 다양하다. 그러나 대부분의 사람들은 적당한 때에 결혼하여 부부가 한지붕 아래서 그들만이나 혹은 가족과 함께 동거(同居)를 하면서 공동생활을 영위한다. 그런데 어떤 가족들은 자녀의 유학이나 부모의 불화 등으로 별거를 하기도 하고, 또 어떤 사람들은 여러 가지 사정으로 독거(獨居)를 하기도 한다.

가정(家庭)이란 가족이 함께 생활하는 사회의 가장 기본적 집단이다. 그런데 온 가족이 함께 사는 사람들은 자기도 모르는 새에 행복한 비명을 지른다. 권태롭다든지, 가족에 대한 책임감으로 어깨의 통증을 느낀다든지, 어떤 카테고리에 얽매여 자유를 구속당하고 있다든지 하면서 탈출구를 찾으려고 호시탐탐 노리고 있다.

별거(別居) 하는 사람들은 어떠한가? 가족들이 함께 살지 않으므로 '갈등 가정'이 생기게 마련이다. 부부사이의 문제도 있겠지만 그밖의 일로 별거하는 가족이 요즘 부쩍 많아졌다. 부부가 그들의 직장이 생활권이 아닌 먼 곳에 있는 경우도 그렇고, 자녀의 유학문제로 이른바 '기러기 아빠(엄마)'가 되어 본의 아니게 별거하는 경우도 있다. 기러기들은 홀로 되어도 절개를 지키며 새끼를 극진히 돌보는 습성을 지니고 있다고 한다. '기러기 아빠' 또한 그런 데서 유래한 것 같다. 또한 기러기는 겨울철새로 울음소리가 매우 처량하고 쓸쓸해서 가족과 떨어져 혼자 사는 아빠들의 모습을 상징해서 만든 단어일 것이다.

그러면 독거(獨居), 혼자 사는 삶은 어떠한가? 법정스님은 〈홀로 사는 즐거움〉에서 어느 경전 구절을 인용하시면서 이렇게 말씀하신다.

'만일 그대가 지혜롭고 성실하고 예절 바르고 현명한 동반자를 만났다면, 어떤 어려움도 이겨내는 기쁜 마음으로 그와 함께 가라. 그러나 그와 같은 동반자를 만나지 못했다면 마치 왕이 정복했던 나라를 버리고 가듯 무소의 뿔처럼 혼자서 가라.' 어차피 저마다 자기식대로 사는 게 인생이다. …홀로 사는 사람들은 진흙에 더럽혀지지 않는 연꽃처럼 살려고 한다. 홀로 있을 때 전체인 자기의 있음이고, 누구와 함께 있을 때 그는 부분적 자기이다.

4

'지혜롭고 성실하고 예절 바르고 현명한 동반자' 그런 동반자를 만나기는 쉽지 않다. 어떤 동반자를 만난다 해도, 다만 가정이란 공동생활을 하는 집단이다. 겸손하게 양보하고 서로의 의견을 존중하고 헌신하며 살 뿐이다. 누구나 동경하는 '백마 탄 왕자(공주)'는 현실에 존재하지 않는다. 동화의 환상 속에 나타나는 구원의 상(像)일 뿐이다. 그럼에도 그 백마 탄 왕자(공주)를 기대하면서 일생을 나홀로 살아가는 사람들도 있다. 인생은 자기 방식대로, 자기 고집대로 그렇게 살다가 가는 것이다. 후회 없이.

'혼자 사는 삶'은 항상 옆자리를 비워 둔 상태다. 누구나 와서 채워줄 수 있는 공간과 기회가 열려 있다는 데 매력이 있다. 온갖 혼자 사는 불편이 따른다 해도. '혼자 사는 삶'은 에덴동산에서 사는 삶이다. 그 낙원에서는 몸을 가릴 필요도 없고, 손만 뻗치면 인스턴트 마실 것, 먹을 것이 수두룩하다. 밥을 짓거나 상 차릴 필요도 없고, 시간을 저축하여 자기가 하고 싶었던 일에 매진할 수 있으니 삶의 질이 화초들처럼 쑥쑥 자라나는 것만 같다. 혼자 사는 외로움이 따르긴 해도.

서로를 구속하지 않고 연인관계를 계속 유지하면서 함께 살았던 사르트르와 보부아르의 삶이 참 의미 있게 생각된다. 그리고 자기가 진정 원하는 길을 가기 위해 방황하던 어둡고 긴 터널을 벗어나 정신적 안정을 찾고 영롱한 영혼을 가꾼 헤세와 코엘료. 그들은 정신적 고난을 극복하고 자기의 삶을 충실히 살아가는 지혜를 우리에게 보여 준 훌륭한 모델이다.

바보처럼 사는 삶

나는 워낙 기계에 대해서는 맹추다. 그래도 요즘은 기본적으로 불편하지 않을 정도로 사용할 줄 알게 됐지만 과거에는 평소에 TV나 컴퓨터를 가까이 하지 않은 탓에 어쩌다 VCR로 녹화를 할 때, 혹은 인터넷 검색이나 이메일을 주고받을 때 누군가를 불러야 할 정도였다. 그럴 때마다 "이런 것도 못해 바보같이 …"라는 말을 듣기도 했다.

나는 부족한 것이 많은 사람이라 그동안 가족에게서 '바보' 소리를 여러 차례 들어왔다. 그렇다고 그들을 고깝게 여긴 적은 한 번도 없었다. 애정이 포함된 표현이었으니까. 나의 책꽂이를 둘러보니 '바보'를 표제 또는 주제로 한 책들이 몇 권 눈에 띄었다. 잘 알려진 〈바보 온달〉, 〈바보 이반〉 이야기 외에도 바보들이 등장하는 글이 꽤 있는 것을 보면 세상에는 바보들이 많은가보다.

우리 집 근처에는 식료품가게가 세 군데 있다. 그런데 유독 바보네 가게로만 손님이 몰렸다. 그 주인은 말을 바보스럽게 하면서 행동을 하면 손님들이 멍텅구리라 물건을 싸게 주겠거니 하고 모여든다는 것이다. 친구를 사귈 때도 너무 똑똑한 사람은 어쩐지 접근하기 망설여진다. 상대방에게서도 만만한 데가 보여야 이쪽의 약점과 상쇄가 가능해서 허물없이 친해질 수 있다.

— 〈바보네 가게〉 (박연구, 1989)

미국의 9대 대통령 윌리엄 헨리 해리슨은 어린 시절 퍽이나 말이 없고 수줍음을 잘 타는 아이였다. 그가 너무 말이 없어서 사람들은 그를 바보라고 생각했으며 가끔 놀려댔다. 니켈(*nickel*, 5센트짜리 동전) 과 다임(*dime*, 10센트짜리 동전) 을 그 아이 앞에 놓고 그에게 골라 가져가라고 했다. 그는 항상 니켈을 가져가서 사람들에게 놀림을 받았다. 어느 날 한 여자가 그를 가엾게 여겨 "너는 왜 항상 다임을 안 갖고 니켈을 가져가니? 다임이 니켈보다 크기는 작아도 값이

훨씬 더 나가는 것을 너는 모르니?"라고 물었다. 그 아이는
느릿느릿 대답했다. "물론 알고 있어요. 그렇지만 만약 제
가 다임을 고른다면, 사람들이 더 이상 제게 그런 장난을
치지 않을 테니까요."

—(미국 교과서에서)

밤하늘에 별이 하나, 둘 뜨기 시작했습니다. "여보! 비가 올
까요?" "보면 몰라?"하며 톡 쏘아 붙여 버리려다 남편은 참
고 생각했습니다. '사랑은 바보가 되어 주는 것'이지. 그래
서 남편은 되물었습니다. "당신은 비를 기다리오?" 그랬더
니 아내가 "비에선 당신의 냄새가 나거든요"라고 대답했습니
다. 별거중인 이 부부는 다시 하나가 될 수 있었습니다.

—〈바보 되어주기〉(안순혜, 2003)

그리고 순수한 아이의 마음을 지니고 살아가는 〈행복
한 바보들이 사는 마을, 켈름〉(아이작 B. 싱어, 1999)도
있다.

나는 또 여러 가지로 바보다. 어릴 때부터 노래를 잘
못 부르는 절반의 음치(音癡)다. 친구들에 이끌려 노래방

에 가면 주눅이 든다. 등살에 못 이겨 부르는 것은 영화 〈황야의 결투〉 주제곡 '오, 마이 달링 클레멘타인'(In a cavern, in a canyon…으로 시작되는) 뿐이었다. 친구들이 재미없다고 다음부터 유행가를 배워오라고 강권한다. 그 바람에 '가요모음집'을 사다 놓고 어느 곡을 연습할까 갈 등이 이만저만이 아니었다. 가요집을 넘기다가 마침 '바 보처럼 살았군요'라는 노래가 눈에 들어왔다. 이 노래의 가사가 맘에 쏙 들었던 것이다. 그러나 곡이 너무 어려워 서 배우기를 포기했다. 가사만 몇 번이나 되새기며 읽어 보았다.

어느 날 난 낙엽지는 소리에 갑자기 텅 빈 내 마음을 보았죠.
그냥 덧없이 흘러버린 그런 세월을 느낀 거죠.
저 떨어지는 낙엽처럼 그렇게 살아버린 내 인생을~.
우우… 잃어버린 것이 아닐까. 늦어버린 것이 아닐까…
흘러버린 세월을 찾을 수만 있다면 얼마나 좋을까.
난 참 바보처럼 살았군요.
난 참 바보처럼 살았군요. 우우~
　　　　　　—'바보처럼 살았군요', 김도향 작사·작곡

온달도, 이반도, 바보네 가게 주인도, 어린 윌리엄도, 바보가 되어 준 남편도 정말 바보는 아니었다. 다만 바보인 체 하면서 살 뿐이었다. 바보인 것처럼 사는 게 서로를 편하게 해주는 삶의 한 방편이었기 때문이다.

또한 바보가 되어주는 것이 사랑이란다. 나는 나의 가족에게 계속 바보가 되어 남고 싶다. 다만 앞만 보고 살아가는 바보가 아니라, 옆도 보고 뒤도 돌아보면서 살아가는 바보이고 싶다. 순수한 아이의 마음을 지니고 살아가는 켈름 마을의 행복한 바보들처럼 ….

어떤 변명

내가 전에 소크라테스에 대해 알고 있던 것은 참 단순한 내용이었다. 어느 날 느닷없이 소크라테스에게 그의 아내 크산티페가 분노하여 구정물을 퍼부었을 때 그가 "천둥번개가 치고 나니 소낙비가 내리는구나"라고 말했다는 것. 그리고 죽기 전에 남긴 말은 "닭 한 마리 빚진 것 있으니 갚아 달라"고 자기 제자에게 부탁했던 것이었다. 그 뒤 나는 어떤 연수 중에 한 교수로부터 소크라테스의 '산파술'(産婆術)에 관한 강의를 참 인상 깊게 들은 적이 있다. "교육은 산파술이다. 산파의 도움으로 산모가 고통을 겪으며 스스로 태아를 배출하듯 힘이나 지식은 그들 자신

의 노력으로 탄생되어야 한다. 교육자는 다만 그 산파역
을 맡아 할 뿐이다 ···." 이것이 소크라테스에 관한 나의
지식 전부였다.

책을 읽는 시간이 많아진 요즘 거기에서 한걸음 더 나아
가 소크라테스를 나름대로 재조명해 보고 소크라테스를 더
욱 이해할 수 있는 기회를 가질 수 있게 됐다. 여러 권의
소크라테스에 관한 책을 통해 그를 다시 만날 수 있었다.

소크라테스의 외모는 한마디로 괴짜였다. 작은 키에 코는
주먹코였으며 입술은 튀어 나왔고 배는 남산만 했다. 행색
은 꾀죄죄했고 맨발에 수염은 더부룩했다. 그러나 여성들
한테 이상야릇한 매력을 끌었다. 소크라테스는 단 한 권의
저서나 교과서도 남기지 않은 이상한 선생이었다. 오직 수
많은 질문과 대화뿐이었다. 소크라테스의 재판은 그리스도
에 대한 재판을 제외하고 세계 역사상 가장 유명한 재판으
로 많은 사람들에게 화젯거리가 되었다.
　　　　— 〈세계를 빛낸 사람들〉(게오르그 포프, 1994)

소크라테스는 거의 50에 결혼을 했는데 아테네 법령에 따라
두 아내를 가지고 있었다. 두 아내에게서 세 명의 아들을

낳았다. 그는 생계를 꾸려 나가는 데 관심이 없었다. 크산티페가 소크라테스 친구들의 도움을 받으면서 일생 동안 어려운 가계를 꾸려 나감으로써 소크라테스를 노동으로부터 해방시켜 주었다. 그러므로 소크라테스는 지적 성장을 완성하고 철학자로서의 길을 갈 수 있는 자유를 누렸다. 사형 당일 크산티페는 어린 막내아들을 가슴에 안고 소크라테스의 감방을 방문하여 가슴을 치며 울부짖었다. "소크라테스, 이제 친구들과 얘기하는 것도 오늘이 마지막이군요!"

— 〈교육사상가연구〉 중 '파이돈'

소크라테스는 노년에 춤과 악기 연주를 배우기 위해 따로 시간을 내었고 그렇게 보낸 시간을 가치 있다고 여겼다. 이것은 소크라테스의 삶에서 크게 주목할 만한 부분이다.

— 〈소크라테스 카페〉(크리스토퍼 필럽스, 2001)

소크라테스는 생각하지 않는 삶은 살 만한 가치가 없는 삶이라고 말했으며, 아테네 법정에서 재판을 받는 도중 자신이 다른 사람보다 더 현명한 이유는 오직 삶에 대한 무지를 자신이 깊이 인식하고 있기 때문이라고 말하였다.

— 〈너만의 명작을 그려라〉(마이클 린버그, 2002)

시오노 나나미의 눈과 생각 역시 예외는 아니다. 그녀는 〈살로메 유모 이야기〉에서 지옥에 떨어진 여자들 중에 크산티페를 그 명단에 넣고 있다. 그녀는 크산티페를 "세계사에서 악처목록 제1인자가 될 뻔했다"고 말하고 있다. 크산티페는 지옥에 가서도 나름대로 여자의 지위향상에 전력하고 있다고 한다. 그렇다 해도 시오노 나나미에게 유감스러운 점이 한 가지 있다. 악녀인 유대왕 헤롯의 의붓딸 살로메를 효녀로 둔갑시키고 크산티페는 그대로 악처명단에 올려 지옥으로 가게 한 것이다. 그녀는 해도 너무했다. 크산티페를 천당이나 연옥쯤으로 보내지 지옥에 넣다니 …. 겉으로는 기차고 씩씩해 보이나 남편의 관심 밖의 여자였으니 얼마나 가련한가?

소크라테스는 법정에서 자기 자신을 변명(辨明)하였다. 나는 크산티페를 대신하여 그녀를 변명해 주고 싶다. 소크라테스는 소중한 자기 가족을 안 돌보고 맨날 맨발로 똑같은 옷을 입고 거리로, 시장으로, 광장으로 쏘다니며 젊은이건 늙은이건 어중간이건 가리지 않고 붙잡고 "왜?", "왜?", "무언가?", "않겠나?"라는 질문공세를 퍼붓는 이상한 남편이었다. 세칭 가장 현명한 사람이 가장 가까이 해야 할 가족을 '나 몰라라' 해서 자기 부인을 '악처'로 만든 이기주의자 아닌가?

크산티페는 자기 스스로 어린 아이를 업고 목판(木板) 장수를 해서라도 가계를 꾸려 감으로써 소크라테스를 노동으로부터 해방시켜 주었다. 그러므로 소크라테스는 지성을 갖춘 당대의 철학자 길을 도도히 걸어갈 수 있었다. 소크라테스가 사형 당시 70세였는데 크산티페는 어린 아들을 안고 있었다. 그 어린 아들의 양육을 위해 남편 사형 후에도 또 얼마나 억척스럽게 살아야 했을까? 그러한 공로를 생각한다면 크산티페는 정말 표창감이다. 크산티페가 악처라면 아줌마들 중에 악처 아닌 사람이 어디 있을까? 시오노 나나미의 지옥행 명단에서 그녀의 이름은 제외되었어야 한다.

고양이 이야기

'고양이'하면 가장 먼저 떠오르는 것은 에드거 앨런 포의 단편집에 나오는 〈검은 고양이〉(*The Black Cat*)다. 포는 오죽이나 가난했으면 겨울에 고양이의 체온에 의지해 살았다고 한다. 그의 작품 속에서 애꾸눈 '검은 고양이'는 인간의 원초적(原初的) 잔인성(殘忍性)으로 인하여 애완물에서 증오물이 되기도 하고 학대의 대상이 되기도 한다. 시종일관 긴장과 공포 속으로 우리를 유인한다. 종국에는 주인공이 저지른 엄청난 살인사건을 들통나게 한 짐승 — 시체 머리 위에서 새빨간 입을 활짝 벌리고 외눈에 화기(火氣)가 등등한 그 끔찍한 짐승의 울음소리를 독자들은 잘 기억하고 있을 것이다.

　내친김에 고양이에 관련된 것들을 좀더 찾아보자. 등소평(鄧小平)의 '흑묘백묘'(黑猫白猫) ― 검은 고양이든 흰 고양이든 쥐만 잘 잡으면 된다는 경제정책, 헤밍웨이의 단순한 애완용 '빗속의 고양이', 임어당(林語堂)의 '우유론'(優遊論) 속에 나오는, 뽐내기는 잘 해도 생활을 위해서는 일을 하지 않는 고양이 …. 고양이는 가축이면서도 옆집, 뒷집 안 가리고 날쌔게 우리를 넘나든다. 인간만이 아등바등 살겠다고 발버둥치며 '우리' 안에 갇혀서 강요되고 사육된다.

　프랑스 작가 쥘 르나르의 성장소설 〈홍당무〉에서도 고양이가 나온다.

　…감궂기*로 유명한 홍당무는 가재 잡는 낚시 밥으로 고양이 고기가 최고라는 소리를 듣고, 늙은 고양이를 총으로 쏜다. 머리통이 절반이나 달아났다. 고양이 우유 잔에 피가 흐른다. 그는 몸을 떠는 빈사의 고양이 목을 다시 조른다.

-----

* 성질이 흉악하고 사나움.

장 그르니에의 산문집 〈섬〉에는 '고양이 물루'가 있다.
그 첫머리는 이렇게 시작된다.

짐승들의 세계는 침묵과 도약으로 이루어져 있다. 나는 짐승
들이 가만히 엎드려 있는 모습을 바라보는 것을 좋아한다.

고양이 물루는 무덤 파는 사람에게서 선물 받은 것이었
다. 그는 또 이렇게 말하고 있다.

내가 무인도에 와 있는 느낌이 들 때, 고양이 물루는 일상
의 벗이 되어 주었으며 행복으로부터 보다 더 가까이 있게
해주었다.

그가 먼 곳으로 이사를 가게 되어 수의사에게 부탁해
물루는 안락사(安樂死) 한다. 범우적(汎友的) 인 사랑의
법칙에 순종하듯 물루는 가버리고 자기가 좋아하던 정원
월계수 아래 묻혔다.

요즘은 고양이를 애완용으로 키우는 사람이 있으나 개
를 기르는 사람보다는 훨씬 적은 편이다. 더욱이 옛날에
는 주변에 고양이를 좋아하는 사람이 흔치 않았다. 다만

‘쥐’를 잡아주는 고마운 동물인 까닭에 기르고 있을 뿐이었다. 고양이를 영적(靈的)인 동물이라 하고 유령(幽靈)과 결부시켜 생각해서인지 가까이 하기를 꺼리는 사람도 있다.

나는 고양이를 집에서 유심히 관찰한 적이 있다. 날쌔면서도 소리 없이 동물들을 잡는 것은 타고난 재능인 것 같다. 고양이는 아무 데나 배설하지 않고, 아무나 할퀴지 않고, 아무 때나 연애하지 않으며, 아무 곳에나 새끼를 낳지 않는다.

고양이에게도 언어가 있다. 고양이가 배고픔의 표현으로만 ‘야옹’거리는 것은 아니다. 주인이 집에 들어오면 반가움의 표시로 담 위에 올라가거나 주인에게 달려와 고운 목소리로 “야오옹, 야오옹”하면서 주인의 발목에 자신의 목 부분을 비벼댄다. 새끼들에게 담이나 나무에 올라 새 잡는 것을 시범 교육시킬 때는 위엄 있게 “야야옹, 야야옹”한다. 또 낯선 사람이 가까이 오면 화닥닥 놀라며 크게 “냐옹”하면서 숨는다. 먹이를 줄 때는 고맙다는 인사로 조그맣게 “고마웅”하고 먹는다.

대부분 사람들에게 고양이란 모두 똑같아 보일 것이다.

난파(難破)한 배가 사라지듯 몇 년 전에 종적을 감춘 고양이나, 포의 외눈박이 검은 고양이나, 빗속의 고양이나, 총에 맞은 늙은 고양이나, 행복한 고양이 물루나, 예전에 우리 집 담장 위에서 야옹거리던 갈색 얼룩 고양이나….

  인과응보(因果應報)라는 말은 동물의 세계에도 적용되는 것 같다. 사람들이 가족처럼 쓰다듬고 귀여워하면 동물들도 가족처럼 잘 따른다. 그들은 단순하고 맹목적이다. 그래서 요즘 현대인에게 더욱 사랑받는 것이라고 한다. 그러나 고양이를 비롯한 애완동물의 사랑이 인간 사이의 관계가 낯설어지는 데서 비롯됐다는 심리학자들의 지적은 슬프고 아쉽다. 사람 사이의 사랑도 많아지고 동물에 대한 애정도 커지기를 바랄 뿐이다.

넷째 딸의 한풀이

1

얼마 전 TV에서 〈아들과 딸〉이라는 드라마를 방영한 적이 있었다. 쌍둥이 아들과 딸 귀남이와 후남이의 성장 과정을 적나라하게 그렸는데 귀남이는 그들 부모가 귀하게 키우고 후남이는 딸이라고 천덕꾸러기로 키운다기보다 관심 밖의 아이였다. 여태껏 양성차별 안 받고 성장해 온 세대가 어디 있을까?

최근 발간된 책 중에서 아들과 딸 차별이 매우 심하게 드러나는 책 하나를 소개하겠다. 어느 가정에 딸 수지와 아들 재형이, 엄마, 아빠 그리고 할머니가 살고 있었다. 재형이는 4대 독자라고 엄마와 할머니가 무척 위해 주고

뭐든지 잘해 준다. 꽃게를 사왔을 때도 아들에게만 주고…. 더욱이 수지는 엄마가 자기를 지우려다 난 아이라는 말을 고모에게 듣는다. 수지는 입술을 깨물고 미용실에 가서 머리를 남자처럼 짧게 자르고 바지에 야구모자를 쓰고 남자행세를 한다. 담임선생님과 수지엄마의 상담이 있은 후 수지의 부모는 고개를 들 수가 없었다. 그리고 어느 날 수지는 월경을 하게 되면서 여자로 돌아와 가족들의 축복을 받고 다시 원피스를 입는다. (이규희, 〈난 이제부터 남자다〉에서)

2

편애하는 것이 얼마나 상처를 주는 것인지 안 당해 본 사람은 모른다. 편애는 아들과 딸 사이에서만이 아니다. 아들들 사이, 또는 딸들 사이에서도 마찬가지다.

존 스타인벡의 소설을 영화화한 〈에덴의 동쪽〉을 상기해 보자. 미국 캘리포니아주에서 농장을 경영하는 아담에게 두 아들, 형 아론과 동생 칼이 있었다. 형은 모범생이었고 동생은 행동이 난폭했다. 아버지는 큰아들을 신뢰하고 사랑했지만 작은 아들은 미워했다. 작은 아들이 가출한 그의 아내를 닮았기 때문이었다.

사업에 망한 아버지를 기쁘게 해드리려고 칼은 콩 장사를 하여 큰돈을 번다. 칼은 생일선물로 5천 달러를 아버지에게 드렸지만 아버지는 기뻐하지 않고 전쟁을 이용해 돈을 벌었다고 오히려 꾸중을 한다. 아담은 뇌졸중으로 쓰러져 죽게 되었을 때야 비로소 칼의 간호를 받고 싶어 한다.

스토리는 대충 위와 같지만 칼이 아버지, 형, 형의 애인 그리고 어머니 사이에서 사랑에 굶주려 방황하는 모습은 보는 이의 마음을 무척 안타깝게 했다.

3

돌이켜보면 나도 후남이, 수지 그리고 칼처럼 가정에서 차별대우를 받고 서럽게 자라왔다. 넷째 딸로 태어났는데 우리 어머니는 또 딸이라고 크게 낙담하셨다고 한다. 일찌감치 주제파악을 했는지 잘 울지도 않고, 순해서 안아주지도 않았다고 한다. 덕분에 내 뒤통수는 납작하다. 나는 언니들 옷을 물려받아 입었고, 좋은 옷 좋은 음식은 내 남동생차지였다. 내 대학 등록금을 한 번도 부모님이 내 주신 적이 없었다. 언니들의 도움을 받거나 아르바이트로 충당하였다. 그런데 내 남동생 등록금은 어머니가 손수 들고 가서 내셨다.

내 몸에 있어서 취약점은 뒤통수다. 어릴 때 매일 누워만 있었으니 납작할 수밖에 …. 나는 아직도 뒤통수 나온 사람이 부럽다. 나는 아이들을 결코 차별하지 않겠다고 나 자신에게 맹서를 했다.

나는 내가 그동안 차별대접 받아온 것에 보상이라도 하듯이 딸에게 잘 대해주었다. 불완전한 나 자신의 분신(分身)으로 더욱 아껴서 완성시켜 주고 싶은 심정이었다. 아들에게는 내심 관심을 갖고 자유방목이었지만 딸에게는 여러모로 신경을 더 썼다. 그래서인지 '우리 집은 딸만 예뻐한다'는 불평을 듣게 되었다.

그런데 어느 날 딸이 내게 와서 "오빠들과 똑같이 대해주세요"라고 충고를 하는 게 아닌가? 차별 않기로 맹서하고서 나도 모르는 사이에 편애를 한 것이었다.

스스로 선택하는 직업

6월 창 밖에는 구름 한 점 없이 짙푸른 하늘, 짙푸른 숲, 매미의 단조로운 울음소리, 오후의 권태로움이 있다. 그것은 정적이 깃든 시슬리의 풍경 그대로다. 바람결에 청아(淸雅)한 음악이 들려온다. 아이들의 음악감상 시간이구나. 플루트와 하프로 이어지는 이 음악은 이 정경에 딱 어울리는 콘체르토가 아닌가?

인생에 있어서 이 '어울린다'라는 말은 참 중요한 것이다. 사람이 직업을 선택할 때 자기에게 잘 어울리며 하고 싶은 것(自意)이니까 선택한 경우와, 그렇지 않으나 어쩔 수 없는 상황 때문에(他意) 선택하는 경우가 있다.

후자의 경우에는 아무리 오랜 세월이 흘러도 그 직업이 외도(外道)라고 생각되고 하고 싶어하던 것을 꿈꾸고 동경한다. 전자의 경우는 비록 가난하더라도 다행스럽게 생각하고 살아간다.

나의 교직입문은 후자에 속한다. 그 당시 나의 처지가 '뜨거운 양철지붕 위의 고양이'처럼 불안정할 때이었으므로 직장은 나의 탈출구였다. 이 직업이 과연 나에게 어울리는 것인가? 아직도 회의적이지만 후회는 없다. 동기는 그렇다 해도 이미 천직이 되어 있으니 ….

어떤 분들은 가르치는 사람들이 너무 왕자병(王子病)에 걸려 있다고 하고, 시테크(時 Tech.)에 우둔하다고 한다.

모든 조건을 갖추고 이 분야에서 내가 최고라는 자부심으로 아이들 앞에 서는 것은 오히려 당연하나, 유행이랄까 시대적 상황에는 병행하는 것이 교육적이 아닐까? 그것이 그들이 민감해하는 요소 중 하나이기 때문이다.

교생들이 실습을 하러 오면 묻는다. "복장을 어떻게 할까요?" "단정하게 정장을 하시지요." "정장이요? 바지를 입을까요, 치마를 입을까요?" "바지든 치마든 단정하게 입으세요." 그리고 한마디 덧붙인다. "치마는 적당히 짧게 입으세요."

임어당은 〈생활의 발견〉에서 중용(中庸)이라는 말을 행복과 결부시켜 여러 번 인용하고 있다.

> 알맞게 지식을 얻고 알맞게 주인이 되어
> 적당히 일하고 적당히 쉬며 ….
> 입은 옷은 낡지도 않았고, 너무 새로운 것도 아닐세.
> 인생은 쓰고도 단 것임을 깨닫고 보면,
> 그 절반 맛이 가장 영리한 것이리라.

비단 교직뿐만이 아니라 어떤 직업을 갖게 되든지 일을 추진하는 데 있어서 너무 지나치게 서두른다거나 성격이 튀면 일을 그르치기 쉽고, 너무 안일하고 침체되어 있으면 발전을 저해할 때가 있다. 그러므로 중용론은 본받을 만하다.

그런데 우리는 아이들의 진로에 대하여 심각하게 생각해 보았는가? 어른들이 못다 한 한(恨)을 아이들에게 풀어보려고 어른들이 선호하는 직업을 강요하지나 않았는지, 아이들 의사대로 그들에게 어울리는 전공을 택할 수 있도록 디딤돌이 되어 주었는지 뼈저린 성찰이 필요하다고 생각된다.

　누구든지 자기가 하고 싶은 직업을 택하여 일하며 사는 사람은 건강하게 오래 산다. 그 일 자체가 보람이고 행복이기 때문이다.